大展好書　好書大展
品嘗好書　冠群可期

大展好書　好書大展
品嘗好書　冠群可期

命理與預言 70

不可思議姓名靈動

星海釣叟／著

大展出版社有限公司

序文

命學浩瀚，窮不可盡，先賢傾畢生之心力，亦難竟全功。

今吾人參學命理，決非只在避凶而趨吉，更是欲參悟天地萬物造化之樞機。

故子曰：「不知命，無以為君子。」

其意欲為君子，必當知己之命為何。

更云：「君子素位而行。」

唯能知己之命為何，方能盡其本分，克盡己責，方可以為君子也。

然君子之本分及責任又為何呢？

子曰：「加我以數年，五十以學易，可以無大過矣。」

然學易即可無過乎？

子曰：「故君子，不可以不修身，思修身，不可以不事親，思事親，不可以不知人，思知人，不可以不知天。」

孟子亦云：「盡其心者，知其性也；知其性，則知天矣。存其心，養其性，所以事天也。夭壽不貳，修身以俟之，所以立命也。」

故君子本分乃修身，責任乃事親也。

唯修身，事親，爾後方可事天也。

故學命理之道，乃在知當立何志，存何心，之後方可立其命也。

㈠、本書著作的目的與宗旨

『不可思議姓名靈動』不只秉持先賢所建立的五格、三才、筆劃吉凶，且配合生肖所完成的姓名學，更獨創且突破過往姓名學的缺失，再加上五行干支與五格互動配合而完成一套較為完整的子平姓名學。其優點不只注重筆劃的吉凶，更配合干支五行之互動，使其更完美，而力求更無缺失。例如：蔡忠勳。此姓名在過去的姓名學均以吉論。不管先天或後天三才、五格，未有一處為凶，然『不可思議姓名靈動』一書，所獨創及突破的秘訣，則乃以凶論。

庚申		蔡	辛酉
17			18
辛酉		忠	戊戌
8			25
己丑			
庚申		勳	丁巳
17	16		24

41 甲寅

何以如此？如外格十七劃為庚申金，總格四十一為甲寅木，地格二十四為丁巳火，故此三格則行成了，申寅巳之三刑格。在過去的姓名學上，十七、二十四、四十一均為吉數，故皆論吉，但本書則論凶。其事實此人已於八十八年車禍過世了。

其人八字列於上：

	日元		
己	庚	癸	癸
卯	午	亥	卯

36	26	16	6
己	庚	辛	壬
未	申	酉	戌

此造：庚金日元，冬生亥月，壬水司令，格局陰寒，最喜丙火，可惜只現丁火，且午卯破，日元弱，本當論從，惜壬水司令，己土透出時干混壬，故不可從，大運行至己未，流年己卯，支成亥卯未之木局，而木為己土病死之位，且己土卑溼本不可制水，雖大

運流年皆見己土，但己土非但不能幫身，反與癸水交戰，故於此年車禍亡身。非命則何也。此造之命格乃非殘則夭之命也。且姓名地格，外格，總格行成三刑方有此應，若姓名之兇象，能及早修正，或可現一線之生機也說不定。

(二)、學命理當知因果

命理是一門高深，卻又含蓋天文，人性與天理，且在在都能闡述無窮無盡的真理，更對人心有強烈的啟示。

譬如有人天生富貴，有人卻終老淒涼，有人卻如天之驕子，有人卻到處碰壁，為何呢？

佛曰：「欲知前世因，今生受者是，欲知來世果，今生作者是。」

菜根譚云：「欲無禍於昭昭，勿得罪於冥冥。」

曾子曰：「十目所視，十手所指。」

以上之言，具皆在警示，身為君子的人，就不能犯罪，不但是在昭然若揭的白日下不能犯罪，即使在晦暗中也不能生邪念去犯罪。否則種因就必須受果，這是天地間因果輪迴的鐵律，任何人都不能例外或改變的。

道家亦云：「善有善報，惡有惡報，不是不報，時候未到。」

易經云：「積善之家，必有餘慶，積不善之家，必有餘殃。」

菜根譚云：「為善不見其益，如草裡冬瓜，自應暗長；為惡不見其損，如庭前春雪，日有暗消。」

故命之由來，乃前世所為而來，而今世的禍福成敗乃前世行為的投影。所以，今世若興，自不必喜，今世若衰，亦不必悲，自當振作，從新（心）出發，另謀生計。然不好的命運需要改變，而要改變命運的因素也很多，但總需找出其源頭來，方能徹底改變。

英國大哲學家莎士比亞云：「播種一種行為，你會收穫一個習慣，播種一個習慣，你會收穫一個個性，播種一個個性，你會收穫一個命運，故行為、習慣、個性就是命運的源頭。」

所以要改變命運，要先從個性下手，然後改變行為，習慣自能改正。而習慣、行為、個性就是造成好或不好命運的源頭。

改變命運最重要的三步驟：

第一、虛心檢討，謙卑反省。

第二、誠心懺悔，勇敢改過。

第三、歡喜佈施，廣結善緣。

人之接物處世，若能以此三心，持之以恆，永不退轉，則何事不能決，何難不能克也。

古有名訓：「相由心生，命由心造。」

故命非不能改，實不願改，不想改，無力改；故此：人才會隨順命運而走。

吾人雖不敢輕言：「人定勝天」但若能盡人事，爾後天命必至矣。

後學很感謝「大展出版社有限公司」能給後學機會出版這麼優質的著作，與大眾分享，萬分感激。

後學　星海釣叟　**蔡秉宏**　敬書於

2004. 1.

作者賜教聯絡處：
台北縣新莊市豐年街 51 巷 17 號 6 號 2F
電話：(02)2201-3371
手機：0912-260-396

本書之所以能順利的完成，並推出與讀者分享，首先要感謝大展出版社的信任與協助。也要感謝先聖先賢所辛勤的付出及得來不易所累積的經驗與智慧，並且也要感謝快譯通股份有限公司的熱心付出與提供各種服務。欣逢出書前夕，特序以銘謝，並懇請同好先進不吝指教。

後學 星海釣叟 敬序

目錄

序文
1.本書著作的目的與宗旨……四
2.學命理當知因果……六
(一)認識姓名學……一三
何謂先天三才與後天三才……一四
何謂五格……一六
姓名複姓與單姓的認知……一七
(二)認識十天干合化與五行生剋……一九
(三)熟記十二地支與十二生肖……二〇
地支遁藏歌訣……二三

陰陽五行干支配合……二四
筆劃五行的認識……二五
四柱八字起法……二七
如何排月柱……三〇
如何排時柱……三二
時鐘十二時辰表……三三
起大運法……三四
起六神捷訣（暗記）……三七
十二地支分配所屬星體表……三八
四如何取個好名……三九
取名須避開凶星神煞六甲空亡……四四
取名須注意三才配置……四六
取名應注意的禁忌……四九
三才配置吉凶靈動簡易示意表……五〇

認識文字五行唸音……五七
注意筆劃容易誤算的文字……五七
百家姓劃數與五行表……六〇
姓名八十一劃數吉凶論法……六三
不可思議的姓名靈動……六九
姓名範例……七二
㈤認識十天干……一〇七
十天干總論……一〇九
㈥五形字……二七四
結　文……二八五

㈠、認識姓名學

一陰一陽合謂道，天地有道，萬物生焉，陰陽有序，萬物育焉。

道曰：「一生二，二生三，三生萬物。」

又云：「地法天，天法道，道法自然。」

故天地萬物，離不開道，而道離不開自然法則。

儒曰：「道也者，不可須與離也。可離非道。」

由此可知「道」與「自然法則」的微妙了。而姓名學的架構亦同樣建立在此結構而成立的。

陰陽是相互對立的，唯陰陽雖是相對立，卻也能相輔相成。因此，萬物也就都有陰陽同時並存的特質，展現在其中。

○無極一動；⊙太極而生；◎太極一動；☯而生兩儀。兩儀生三才，三才（天、地、人）化出五行（金、木、水、火、土）五行而生八卦。

而姓名學正是利用三才、五行的原理設計完成的演算模型。姓名分先天三才與後天三才。

何謂三才?即天、地、人。

何謂先天三才與後天三才

例如：

		先天
李	7	天格
登	12	人格
輝	15	地格

每個人的姓及名的個別字的筆劃數，即是先天三才。

如李七劃即為先天天格。

登十二劃即為先天人格。

輝十五劃即為先天地格。

此即為先天三才。

後天三才：

筆劃	姓名	後天	
7	李	7+1 8	天格
12	登	7+12 19	人格
15	輝	12+15 27	地格

每個人的後天三才，即由先天天格的姓加一劃，即為後天的天格。如李七劃加一劃為八劃，此即為後天的天格數。

由李的七劃加登的十二劃，為十九劃，此即為後天的人格數。

由登的十二劃加輝的十五劃，為二十七劃，此即為後天的地格數。

何謂五格？

例如：

外格	先天	姓名		五格
	20	羅	21	天格
	18	璧	38	人格
11（10＋1）	10	玲	28	地格
	48			總格

天格、人格、地格、總格、外格、謂之五格。

總格即由先天三格，如羅二十劃加璧十八劃再加玲十劃共四十八劃，即為總格的筆劃數。

外格的筆劃，即由先天地格的玲十劃再加一劃為十一劃，即是外格的筆劃數。

姓名複姓與單姓的認知

若姓名為複姓時

例如：

歐	15	15＋17 32	
陽	17	17＋16 33	
龍	16	16＋1 17	外格 15＋1

48 總格

歐十五劃，加陽十七劃為三十二劃，為後天天格數。

陽十七劃，加龍的十六劃為三十三劃，為後天的人格數。

龍的十六劃再加一劃為十七劃，為後天地格數。

歐十五劃加一劃為十六劃，則後天外格為十六劃。

若單姓名時

例如：

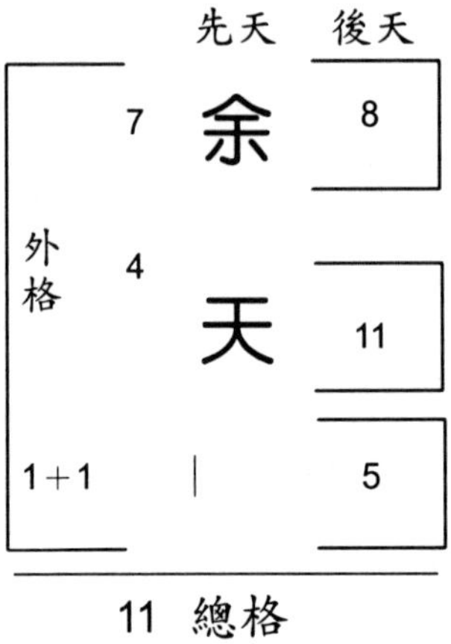

余七劃為先天之天格數，天四劃為先天人格數，一劃則為先天地格數。

余七劃加一劃為八劃，則為後天之天格數。

余七劃再加上天四劃為十一劃，即為後天人格數。

天四劃再加上一劃為五劃，即為後天之地格數。

地格一加一為二劃，即為外格數。

㈡、認識十天干合化與五行生剋

天干相合	
甲己	合化土
乙庚	合化金
丙辛	合化水
丁壬	合化木
戊癸	合化火

天干相尅
甲尅戊
乙尅己
丙尅庚
丁尅辛
戊尅壬
己尅癸
庚尅甲
辛尅乙
壬尅丙
癸尅丁

五行相生圖

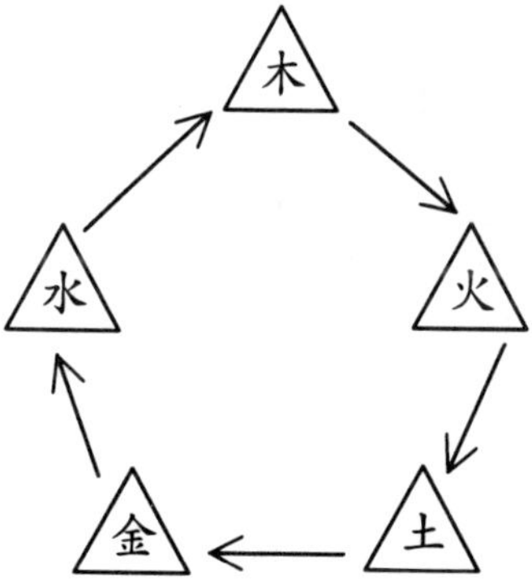

五行相尅圖

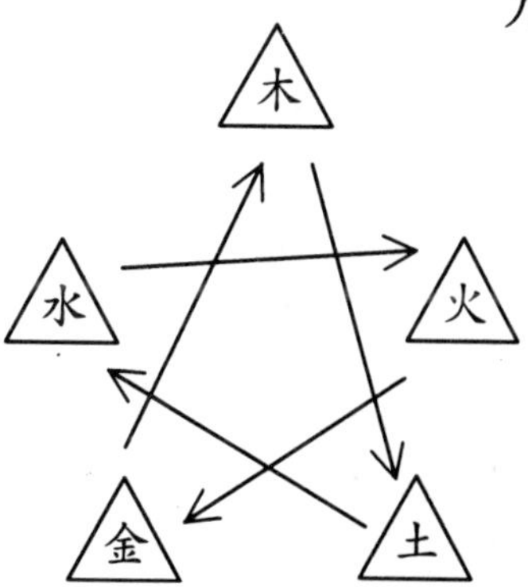

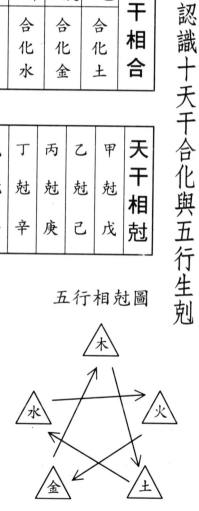

(三)、熟記十二地支與十二生肖

子屬鼠　丑屬牛　寅屬虎　卯屬兔
辰屬龍　巳屬蛇　午屬馬　未屬羊
申屬猴　酉屬雞　戌屬狗　亥屬豬

(1)

地支六合		
子丑	合土
寅亥	合木
卯戌	合火
辰酉	合金
巳申	合水
午未	合火

(2)

地支六沖
子沖午
丑沖未
寅沖申
卯沖酉
辰沖戌
巳沖亥

(3)

地支相刑
巳見申刑
寅見申刑
寅見巳刑
丑見戌刑
戌見未刑
未見丑刑
辰見辰刑
午見午刑
酉見酉刑
亥見亥刑

(4)

地支相穿
子穿午
丑穿未
寅穿巳
卯穿辰
申穿亥
酉穿戌

(5)

地支六破
子破酉
午破卯
申破巳
寅破亥
辰破丑
戌破未

(6)

地支六害					
丑害午	子害未	寅害巳	卯害辰	申害亥	酉害戌

(7)

地支三合			
申子辰合水	亥卯未合水	寅午戌合火	巳酉丑合金

(8)

地支三會				
亥子丑三會水	寅卯辰三會水	巳午未三會火	申酉戌三會金	辰戌丑未會土

地支遁藏歌訣

子中癸水	卯中乙木	午中丁火己土	酉中辛金
丑中己土辛金癸水	辰中乙木戊土癸水	未中乙木己土丁火	戌中戊土丁火辛金
寅中戊土丙火甲木	巳中庚金戊土丙火	申中戊土壬水庚金	亥中壬水甲木

子宮癸水在其中，
丑土癸辛己相同，
寅宮甲木兼丙戊，
卯宮乙木獨空守，
辰藏乙戊癸三分，
巳中丙戊庚相從，
午宮丁火并己土，
未宮乙己丁共宗，
申內戊庚壬守位，
酉宮辛字獨豐隆，
戌宮辛金及丁戊，
亥藏壬甲是真踪。

陰陽五行與干支配合

五行	天干（陰）	天干（陽）	地支（陰）	地支（陽）
木	乙	甲	卯	寅
火	丁	丙	巳	午
土	己	戊	丑未	辰戌
金	辛	庚	酉	申
水	癸	壬	亥	子

筆劃五行的認識

天、地、人，三才數理，共有十個數，超過十以上的數，去掉十位數，只以後面個位數計算，若個位數為零時，則以十計算。

十數	干支	五行
1	甲寅	陽
2	乙卯	陰
3	丙午	陽
4	丁巳	陰
5	戊辰 戊戌	陽
6	己丑 己未	陰
7	庚申	陽
8	辛酉	陰
9	壬子	陽
10	癸亥	陰

附註：

三劃丙午為陽火，四劃丁巳為陰火。

九劃壬子為陽水，十劃癸亥為陰水。先天五劃土為戊辰，後天五劃土為戊戌。

先天六劃土為己丑，後天六劃土為己未。

總格與外格的五劃與六劃，均以後天論。

例如：

外格		先天	姓名	後天		
		8	林	9		天格
外格		10	晏	18		人格
7	己丑	6	如	16	己未	地格

24總格

例如：

外格		先天	姓名	後天		
		10	秦	11		天
外格	戊辰	15	漢	25	戊戌	人
2				16	己未	地

戊戌 25 總格

林晏如的先天、地格的如為六劃，則先天六劃為己丑。後天地格由「晏」加「如」為十六劃為己未。故地格的十六劃為己未。

秦漢的「漢」十五劃，故先天人格十五劃為戊辰，後天人格由「秦」十劃、「漢」十五劃相加為二十五劃為戊戌。而總格二十五劃以後天論，故總格二十五劃為戊戌。

四柱八字起法

四柱。即年柱、月柱、日柱、時柱是也。

八字。即每字一干一支。四柱共四干四支。八字。俗云「命底八字」。

何以知日柱干支。查看萬年曆即知。

例如，九十二年農曆正月初三日子時生人。是年萬年曆所載：

正月大

乙巳（初一日干支為乙巳也）

乙卯（十一日干支為乙卯也）

乙丑（二十一日干支為乙丑也）

既知初一日干支為乙巳，則屈指順推正月初三日的干支為丁未（一日乙巳、二日丙午、三日丁未）。故此日生人，即以丁未干支為日柱。

如何找出年柱，因為九十二年正月（癸未年）初三日子時生的人，當日尚未立春，其年柱排法如下：

壬午

癸丑

丁未

庚子

註：正月初四未時立春，因初三未交立春，故年柱以前年推算。

又如，八十八年十二月二十九日亥時生人，是年據萬年曆所載：

十二月小

甲子（初一日干支為甲子也）

甲戌（十一日干支為甲戌也）

甲申（二十一日干支為甲申也）

所以，二十九日的干支為壬辰日（二十一日甲申、二十二日乙酉、二十三日丙戌、二十四日丁亥、二十五日戊子、二十六日己丑、二十七日庚寅、二十八日辛卯，故二十九日為壬辰。）

再找出其年柱排法：雖當日為八十八年十二月二十九日亥時生，據查萬年曆，是年十二月二十九日戌時己立春。

故其年柱為庚辰。其四柱為：

庚辰（年）八十八年

戊寅（月）十二月

壬辰（日）二十九日

辛亥（時）亥時

註：因年柱乃以每年立春當日換算。

故雖八十八年十二月二十九日亥時，還在八十八年，但因該日戌時己立春，故以八十九年的年柱換算。

如何排月柱

生月＼生年	甲 己	乙 庚	丙 辛	丁 壬	戊 癸
一月	丙寅	戊寅	庚寅	壬寅	甲寅
二月	丁卯	己卯	辛卯	癸卯	乙卯
三月	戊辰	庚辰	壬辰	甲辰	丙辰
四月	己巳	辛巳	癸巳	乙巳	丁巳
五月	庚午	壬午	甲午	丙午	戊午
六月	辛未	癸未	乙未	丁未	己未
七月	壬申	甲申	丙申	戊申	庚申
八月	癸酉	乙酉	丁酉	己酉	辛酉
九月	甲戌	丙戌	戊戌	庚戌	壬戌
十月	乙亥	丁亥	己亥	辛亥	癸亥
十一月	丙子	戊子	庚子	壬子	甲子
十二月	丁丑	己丑	辛丑	癸丑	乙丑

註：如九十二年八月十五日生人。則其年柱為癸未。

月柱則對照右圖生年戊癸與八月所交叉之辛酉。則其八月之月柱為辛酉也。

五虎遁年起月捷訣（暗記）

甲己起丙寅　乙庚起戊寅
丙辛起庚寅　丁壬起壬寅
戊癸起甲寅　以陽干生化

如何排時柱

生時＼生日	甲 己	乙 庚	丙 辛	丁 壬	戊 癸
子	甲子	丙子	戊子	庚子	壬子
丑	乙丑	丁丑	己丑	辛丑	癸丑
寅	丙寅	戊寅	庚寅	壬寅	甲寅
卯	丁卯	己卯	辛卯	癸卯	乙卯
辰	戊辰	庚辰	壬辰	甲辰	丙辰
巳	己巳	辛巳	癸巳	乙巳	丁巳
午	庚午	壬午	甲午	丙午	戊午
未	辛未	癸未	乙未	丁未	己未
申	壬申	甲申	丙申	戊申	庚申
酉	癸酉	乙酉	丁酉	己酉	辛酉
戌	甲戌	丙戌	戊戌	庚戌	壬戌
亥	乙亥	丁亥	己亥	辛亥	癸亥

註：如九十二年元月五日五時生。因九十二年元月五日知日柱為己酉。故時柱之干支對照，由右表的甲己日與生時午之交叉為庚午。故庚午為己酉日時柱。

<table>
<tr><th colspan="16">時鐘十二時辰表</th></tr>
<tr><td colspan="16">上午零點零分起至壹點內為早子</td></tr>
<tr><td rowspan="7">甲己日夜子為丙子時</td><td>正</td><td>初</td><td>正</td><td>初</td><td>正</td><td>初</td><td>正</td><td>初</td><td>正</td><td>初</td><td>正</td><td>初</td><td>正</td><td>初</td><td rowspan="7">甲己日早子為甲子時</td></tr>
<tr><td colspan="2">午</td><td colspan="2">巳</td><td colspan="2">辰</td><td colspan="2">卯</td><td colspan="2">寅</td><td colspan="2">丑</td><td colspan="2">子</td></tr>
<tr><td colspan="14">十二點 十一點 十點 九點 八點 七點 六點 五點 四點 三點 二點 一點 十二點</td></tr>
<tr><td colspan="2">子</td><td colspan="2">亥</td><td colspan="2">戌</td><td colspan="2">酉</td><td colspan="2">申</td><td colspan="2">未</td><td colspan="2">午</td></tr>
<tr><td>正</td><td>初</td><td>正</td><td>初</td><td>正</td><td>初</td><td>正</td><td>初</td><td>正</td><td>初</td><td>正</td><td>初</td><td>正</td><td>初</td></tr>
<tr><td colspan="14">下午十一點零分至十二點為夜子</td></tr>
<tr><td colspan="14">每一時辰分八刻、每一點鐘四刻，每一刻十五分</td></tr>
</table>

起大運法

陽年男順行。女逆走。

陰年男逆行。女順走。

從出生月干支起。行運歲數。順行者，從生日生時，數至未來，節氣之日時。

逆行者從生日時，數至過去，節氣之時日。

每三日算一歲。每一日算一百二十天，每一時辰算十天。

如離節三日，則以一歲行運，如離節一日，則出生一百二十天行運。如離節一時，則以出生十天行運。

每足三日方算一歲。且須扣算清楚。某年某月某日某時行運。

例：男命陰年生於民國四十八年。己亥年、正月十一日戌時出生。則四柱及行運如左：

	己亥（年）	乙丑	初四歲
	丙寅（月）	甲子	十四歲
日元	辛未（日）	癸亥	二十四歲
	戊戌（時）	壬戌	三十四歲
		辛酉	四十四歲
		庚申	五十四歲

陰年男逆行。數至過去的節氣。此命立春後生。過去的節日，即是立春。由正月十二日戌時 數至過去節日據萬年曆載明。

四十七年十二月二十七日亥初立春。共十五日，不足一個時辰。以三日，為一歲折算。即知滿五歲，少十天。故大運應在五歲十天前起運是也。即每逢十年的十二月十七日起運。

如女命陰年生於民國四十八年二月十九日辰時生。

則四柱及行運如下：

	己亥（年）	戊辰	初三歲
	丁卯（月）	己巳	十三歲
日元	戊申（日）	庚午	二十三歲
	丙辰（時）	辛未	三十三歲
		壬申	四十三歲
		癸酉	五十三歲

陰年生女順走。數至未來節氣。此命驚蟄後二十一日生。即清明前九日生。據萬年曆明載：

四十八年二月二十八日亥初為清明節。

故由二月十九日辰時，數至清明節，亥初，共為九日又七個時辰。

以三日為一歲折算，應為三歲又七十天為起運。即每逢一年的四月二十九日起運。

起六神捷訣（暗記）

生我正印偏印　我生傷官食神

剋我正官七殺　我剋正財偏財

比和同類為劫財比肩

陽見陽　陰見陰為

偏印　食神　七殺　偏財　比肩

陽見陰　陰見陽為

正印　傷官　正官　正財　劫財

十二地支分配所屬星體表

地支	生肖	分配身體部位
子	鼠無睛	腎、膀胱、耳、腰、尿道。
丑	牛無牙	脾、腹、足、胸。
寅	虎無項	膽、風門、脈、髮、關節。
卯	兔無唇	肝、手、背、目、血、神經。
辰	龍無耳	皮膚、肩、背項、消化器。
巳	蛇無足	小腸、面、齒、股、咽喉。
午	馬無膽	心、目、舌、神氣、心臟。
未	羊無瞳	口、腹、唇、齒、胃、脾臟。
申	猿無腮	大腸、筋骨、肺臟。
酉	雞無腎	肺、喉、鼻、聲、血、小腸。
戌	狗無脾	命門、膝、脅、胸、子宮。
亥	豬無筋	膀胱、生殖器、肛門。

(四)、如何取個好名

古人云：「行不改名，坐不改姓。」此語即顯示出，姓名的重要。姓名不僅代表一個人的人格，也代表一個人的身分，有時也關係著一個人一生的家運、健康、事業、婚姻及人際關係。

名又分公司名稱及個人名稱，同時也有身分稱謂。如「董事長」或「總經理」等等，又如「台機電」，又如「總統」或「副總統」，又如「張忠謀」或「曹興誠」。

古人云：「虎死留皮，人死留名。」

可見姓名除了影響人的家運、健康、事業、婚姻、子女、人際關係以外，若其人一生行善，其名將永傳千古，近則成為人間典範，遠則蔭及子孫。例如：至聖先師孔子，其德澤被及百代的七十七代孫，孔德成大家耳熟能詳。此外，亦能顯揚父母。若其人半生為惡，則將淪為罵名，成為茶餘飯後的話柄。例如：秦檜。其影響近則除本身受害，遠則也將禍及子孫，亦有可能累及父母。

例如：殺害白曉燕的陳進興。不但累及自己，連父母小孩亦受其牽連。

取名當與八字配合，中華民國前 總統 蔣中正，原非其名（原名）。

17	蔣	18
14	瑞	31
5 4	元	17
	35	

先天先格十七劃為庚申金，先天人格十四劃為丁巳火，先天地格四劃亦為丁巳火，除了巳、申、刑外亦為火剋金，故小時頑皮，險喪命。故其母才再將其改為蔣中正。

17	蔣	18
4	中	21
6 5	正	9
	26	

雖先天十七劃之庚申與先天四劃之丁巳亦刑，故九歲喪父，因人格刑天格之故。但地格五劃之戊辰土可洩丁巳之火。雖其組合亦凶。但可減其凶。而後天天格十八劃之辛酉金，雖剋後天人格之二十一劃甲寅木，但陰剋陽較能降低凶險，且有後天地格之九劃壬子水來生木。

但上剋下而與長輩緣薄或上對下要求嚴之象，幸喜下生上，有得下屬或晚輩之助的優點。

故不好的名，將深深的影響一個人的一生，所以，當你或你的名字不好時，應速速改名，否則禍害無窮。因取不好的名，就如同住進與你或妳不合的磁場宅第一般，將禍害你及家人，應速速搬離，否則也不會有孟母三遷的典故了。

	16	陳	17	金
		金		
	4	水	20	水
		金		
10	9	扁	13	火
		水		
		29		

陳五音為金、水五音亦為金、扁五音為水，為金生水。其總格二十九水、外格十亦為水。其三才為十七金、二十水、十三火、為金生水、水剋火、金生水剋火，不吉，且地格十三丙午為空亡（甲申年生～癸已年生）空亡在午未，在地格為夫妻宮，若非夫妻感情不佳，則其夫妻易有意外。

姓名之判斷除了姓名五格之外，當事者的八字亦佔有相當的份量。故取名時若八字中有缺陷，當視其八字所欠缺或喜用神所喜為何，而補其不足。如陳水扁之八字如下：

庚寅
丙戌
庚辰
庚辰

庚金日元，於寒露後之日生，辛金司金，天干三透庚金，支見辰沖戌，身強印重，寅中甲木，偏財缺水發源。故取名當有水，故陳水扁三字適得其用。

	金	8	林	9	水	天
			火			
	水	10	洋	18	金	人
外格			土			
14 火	火	13	港	23	火	地
			木			
		31	木		總格	

此名結構。先天金、水、火、金生水剋火，吉見凶。

後天水、金、火、水洩金，又火剋金，總格為三十一為木。外格十四為丁巳火，總格三十一為甲寅木為寅巳刑。

而字的音靈五行：

林為火，洋為土、港為木。

其八字如下：

丁卯　己土日於立夏後九日生、庚金，司令。三木生三火。己土日元能
乙巳　晦火以生金、司令之庚金，為真神得用可顯貴秀、可惜為干頭丙丁所
己酉　剋，必喜金水以護元神。
丙寅

林院長之姓名音靈或三才組合，皆拜八字用神所喜，故略降其貴，故取名需與八字配合，方為兩全。

取名須避開凶星神煞六甲空亡

例十三～二十二 二十三～八十二

甲子旬中無戌亥（甲子年生～癸酉年生）

（空亡在戌亥）

甲戌旬中無申酉（甲戌年生～癸未年生）

（空亡在申酉）

甲申旬中無午未（甲申年生～癸巳年生）

（空亡在午未）

甲午旬中無辰巳（甲午年生～癸卯生年）

（空亡在辰巳）

甲辰旬中無寅卯（甲辰年生～癸丑年生）

（空亡在寅卯）

甲寅旬中無子丑（甲寅年生～癸亥年生）

（空亡在子丑）

若姓名組合中，出現了一組的空亡或二組或二組以上空亡，請勿選用。

因空亡神的靈動有一切落空，或一切重來的凶兆，但火金空亡較不忌（火空則發）、（金空則鳴）故不忌。

例如：

	戊辰	5	白	6	天格
外格	己丑	16	曉	21	人格
17	己丑	16	燕	32	地格
			37 總格		

白曉燕的姓名組合，在先天人格及先天地格皆出現十六劃的己丑，而白小姐出生年份在甲寅年生～癸亥年生空亡在子，丑的當中，故白小姐的先天人格及先天地格皆出現空亡。故不吉，如此組合應避開。

取名須注意三才配置

11	張	12	木	天格
4	文	15	土	人格
9 8	炎	12	木	地格
23 總格				

11	張	12
15	慧	26
11 10	芬	25
36		

張先生今年四十五歲，其三才配置為天格十二木、人格十五土、地格十二木為上下木，夾剋中間土，而其外格九為壬子水，總格二十三為丙午火為子午沖。

故坐客運，死於火燒車。從三才配置得知，命運被壓抑，容易變動。

張慧芬小姐，天格十二乙卯木，人格二十六己未土，地格二十五戊戌土為木剋土，且人格與地格為戌、未刑，且外格與總格為十一甲寅木與三十七庚申金為寅申沖之三刑的一大凶，為愛殺情敵。

	16	陳	17
	5	玉	21
24	23	蘭	28

44

陳玉蘭小姐，天格十七庚申金，人格二十一甲寅木，地格二十八辛酉金，為寅申沖且上下金夾克中央木大凶，且總格四十四為大凶，為殺人犯。

	15	董	16
	12	智	27
10	9	泰	21

36

董智泰先生，天格十六己未土，人格二十七庚申金，地格二十一甲寅木為土生金，乃金剋木之凶格，且地格三十六大凶為槍殺犯。

	17	蔡	18	辛酉
	16	錦	33	丙午
戊 戊 15	14	華	30	癸亥
		47		庚申

此名結構後天三才：

天格十八辛酉金，人格三十三丙午火，地格三十癸亥水，為水剋火，火剋金的組合大凶。故死於空難。

	16	陳	17	金	天格
外格	16	錦	32	木	人格
14	13	鈴	29	水	地格
	45		總格		

陳小姐的三才配置為天格十七庚申金，人格三十二乙卯木，地格二十九壬子水 其配置為金剋木，且人格乙卯與地格壬子為子，卯刑，雖總格佳惜三才配置凶。故發病早逝。

三才配置不可不慎

為女性取名應避開孤寡數

如二十一、二十三、二十七、三十三若五行中不缺金，最好不取七、八、十七、十八、二十七、二十八、三十七、三十八、四十七、四十八……等。尤其是四十七、四十八為極剛之數。

取名應注意的禁忌：

女性取名應盡量避免取如：梅、蘭、竹、菊或雲霞碧玉以及蓮潔英姿。

男性盡量避免取如：英雄豪傑。

※以及要避免男性女名或女性男名。

三才配置吉凶靈動簡易示意表

天格	人格	地格	吉凶
木（一、二）	木（一、二）	木（一、二）	小吉
木（一、二）	木（一、二）	火（三、四）	吉
木（一、二）	木（一、二）	土（五、六）	中吉
木（一、二）	木（一、二）	金（七、八）	小凶
木（一、二）	木（一、二）	水（九、十）	凶
木（一、二）	火（三、四）	木（一、二）	中吉
木（一、二）	火（三、四）	火（三、四）	大吉
木（一、二）	火（三、四）	土（五、六）	中吉
木（一、二）	火（三、四）	金（七、八）	小凶

天格	人格	地格	吉凶
木（一、二）	火（三、四）	水（九、十）	凶
木（一、二）	土（五、六）	木（一、二）	大凶
木（一、二）	土（五、六）	火（三、四）	半吉
木（一、二）	土（五、六）	土（五、六）	小凶
木（一、二）	土（五、六）	金（七、八）	中凶
木（一、二）	土（五、六）	水（九、十）	中凶
木（一、二）	金（七、八）	木（一、二）	小凶
木（一、二）	金（七、八）	火（三、四）	中凶
木（一、二）	金（七、八）	土（五、六）	凶

天格	人格	地格	吉凶
木（一、二）	金（七、八）	金（七、八）	中凶
木（一、二）	金（七、八）	水（九、十）	凶
木（一、二）	水（九、十）	木（一、二）	中吉
木（一、二）	水（九、十）	火（三、四）	小凶
木（一、二）	水（九、十）	土（五、六）	凶
木（一、二）	水（九、十）	金（七、八）	小凶
木（一、二）	水（九、十）	水（九、十）	半吉
火（三、四）	木（一、二）	木（一、二）	大吉
火（三、四）	木（一、二）	火（三、四）	中吉
火（三、四）	木（一、二）	土（五、六）	小吉

天格	人格	地格	吉凶
火（三、四）	木（一、二）	金（七、八）	小凶
火（三、四）	木（一、二）	水（九、十）	凶
火（三、四）	火（三、四）	木（一、二）	小吉
火（三、四）	火（三、四）	火（三、四）	半吉
火（三、四）	火（三、四）	土（五、六）	小凶
火（三、四）	火（三、四）	金（七、八）	中凶
火（三、四）	火（三、四）	水（九、十）	小凶
火（三、四）	土（五、六）	木（一、二）	半吉
火（三、四）	土（五、六）	火（三、四）	中吉
火（三、四）	土（五、六）	土（五、六）	大吉

天格	人格	地格	吉凶
火（三、四）	土（五、六）	金（七、八）	小凶
火（三、四）	土（五、六）	水（九、十）	凶
火（三、四）	金（七、八）	木（一、二）	大凶
火（三、四）	金（七、八）	火（三、四）	中凶
火（三、四）	金（七、八）	土（五、六）	小凶
火（三、四）	金（七、八）	金（七、八）	小凶
火（三、四）	金（七、八）	水（九、十）	凶
火（三、四）	水（九、十）	木（一、二）	小凶
火（三、四）	水（九、十）	火（三、四）	凶
火（三、四）	水（九、十）	土（五、六）	大凶

天格	人格	地格	吉凶
火（三、四）	水（九、十）	金（七、八）	小凶
火（三、四）	水（九、十）	水（九、十）	大凶
土（五、六）	木（一、二）	木（一、二）	半吉
土（五、六）	木（一、二）	火（三、四）	半吉
土（五、六）	木（一、二）	土（五、六）	小凶
土（五、六）	木（一、二）	金（七、八）	大凶
土（五、六）	木（一、二）	水（九、十）	中凶
土（五、六）	火（三、四）	木（一、二）	大吉
土（五、六）	火（三、四）	火（三、四）	半吉
土（五、六）	火（三、四）	土（五、六）	中吉

天格	土（五、六）	土（五、六）	土（五、六）	土（五、六）	土（五、六）	土（五、六）	土（五、六）	土（五、六）	土（五、六）	土（五、六）
人格	火（三、四）	火（三、四）	土（五、六）	土（五、六）	土（五、六）	土（五、六）	土（五、六）	金（七、八）	金（七、八）	金（七、八）
地格	金（七、八）	水（九、十）	木（一、二）	火（三、四）	土（五、六）	金（七、八）	水（九、十）	木（一、二）	火（三、四）	土（五、六）
吉凶	半凶	凶	小凶	小吉	小吉	小吉	大凶	小凶	小凶	中吉

天格	土（五、六）	土（五、六）	土（五、六）	土（五、六）	土（五、六）	土（五、六）	土（五、六）	金（七、八）	金（七、八）	金（七、八）
人格	金（七、八）	金（七、八）	水（九、十）	水（九、十）	水（九、十）	水（九、十）	水（九、十）	木（一、二）	木（一、二）	木（一、二）
地格	金（七、八）	水（九、十）	木（一、二）	火（三、四）	土（五、六）	金（七、八）	水（九、十）	木（一、二）	火（三、四）	土（五、六）
吉凶	中吉	小凶	小凶	大凶	大凶	小凶	小凶	小凶	小凶	大凶

天格	人格	地格	吉凶
（七、八）金	（一、二）木	（七、八）金	大凶
（七、八）金	（一、二）木	（九、十）水	小凶
（七、八）金	（三、四）火	（一、二）木	次凶
（七、八）金	（三、四）火	（三、四）火	大凶
（七、八）金	（三、四）火	（五、六）土	小凶
（七、八）金	（三、四）火	（七、八）金	小凶
（七、八）金	（三、四）火	（九、十）水	最凶
（七、八）金	（五、六）土	（一、二）木	半凶
（七、八）金	（五、六）土	（三、四）火	半吉
（七、八）金	（五、六）土	（五、六）土	吉

天格	人格	地格	吉凶
（七、八）金	（五、六）土	（七、八）金	小吉
（七、八）金	（五、六）土	（九、十）水	小凶
（七、八）金	（七、八）金	（一、二）木	大凶
（七、八）金	（七、八）金	（三、四）火	小凶
（七、八）金	（七、八）金	（五、六）土	吉
（七、八）金	（七、八）金	（七、八）金	次凶
（七、八）金	（七、八）金	（九、十）水	小凶
（七、八）金	（九、十）水	（一、二）木	小凶
（七、八）金	（九、十）水	（三、四）火	中凶
（七、八）金	（九、十）水	（五、六）土	凶

天格	人格	地格	吉凶
金（七、八）	水（九、十）	金（七、八）	小凶
金（七、八）	水（九、十）	水（九、十）	凶
水（九、十）	木（一、二）	木（一、二）	中吉
水（九、十）	木（一、二）	火（三、四）	半吉
水（九、十）	木（一、二）	土（五、六）	大吉
水（九、十）	木（一、二）	金（七、八）	小凶
水（九、十）	木（一、二）	水（九、十）	小凶
水（九、十）	火（三、四）	木（一、二）	小凶
水（九、十）	火（三、四）	火（三、四）	次凶
水（九、十）	火（三、四）	土（五、六）	大凶

天格	人格	地格	吉凶
水（九、十）	火（三、四）	金（七、八）	大凶
水（九、十）	火（三、四）	水（九、十）	大凶
水（九、十）	土（五、六）	木（一、二）	次凶
水（九、十）	土（五、六）	火（三、四）	小凶
水（九、十）	土（五、六）	土（五、六）	凶
水（九、十）	土（五、六）	金（七、八）	凶
水（九、十）	金（七、八）	水（九、十）	大凶
水（九、十）	金（七、八）	木（一、二）	小凶
水（九、十）	金（七、八）	火（三、四）	中凶
水（九、十）	金（七、八）	土（五、六）	吉

天格	人格	地格	吉凶
水（九、十）	金（七、八）	金（七、八）	半吉
水（九、十）	金（七、八）	水（九、十）	小凶
水（九、十）	水（九、十）	木（一、二）	凶
水（九、十）	水（九、十）	火（三、四）	中凶
水（九、十）	水（九、十）	土（五、六）	小凶
水（九、十）	水（九、十）	金（七、八）	小凶
水（九、十）	水（九、十）	水（九、十）	大凶

認識文字五行唸音

脣音五行屬水，其位為羽（ㄅㄆㄇㄈㄏ）
牙音五行屬木，其位為角（ㄎㄍ）
舌音五行屬火，其位為徵（ㄉㄊㄋㄌ）
喉音五行屬土，其位為宮（ㄚㄜㄛㄞㄝㄟㄠㄡㄣㄤㄥㄦㄧㄨㄩㄢ）
齒音五行屬金，其位為商（ㄐㄒㄑㄔㄕㄖㄗㄘㄙㄓ）

注意筆劃容易誤算的文字

小：抱心旁。三劃以心字算四劃
例：忙(8)、怕(9)、愧(14)。
扌：提手旁。三劃以手字算四劃
例：打(6)、扎(5)、扛(7)。

氵：三點水。三劃以水字算四劃

例：浮(11)、涵(12)、湖(13)。

犭：秉犬旁。三劃以犬字算四劃

例：狄(8)、猛(12)、獄(15)。

阝：右耳。三劃以邑字算七劃

例：郃(12)、郁(13)、鄧(19)。

阝：左耳。三劃以阜字算八劃

例：阮(12)、院(15)、陶(16)。

礻：半禮部。四劃以示字算五劃

例：祐(10)、禧(17)、禮(18)。

罒：网字部。五劃以网字算六劃

例：罰(15)、羅(20)、罪(14)。

月：肉字部。四劃以肉字算六劃

例：育(10)、胥(11)、腎(14)。

艹：草字頭。四劃以艸字算六劃

例：蔣(17)、芬(10)、苓(11)。

辶：走馬部。四劃以字算七劃

例：逢(14)、進(15)、運(16)。

衤：衣字旁。五劃以衣字算六劃

例：表(9)、袖(11)、褚(15)。

百家姓劃數與五行表

韋 土 9	孟 水 8	利 火 7	佘 金 7	朱 火 6	古 木 5	勾 木 4	王 土 4	丁 火 2
禹 土 9	和 水 8	冷 火 7	束 金 7	年 火 6	田 火 5	牛 火 4	尤 土 4	力 火 2
宣 金 9	房 水 8	呂 火 7	辛 金 7	吉 火 6	丘 火 5	支 火 4	文 土 4	刀 火 2
帥 金 9	祁 火 8	江 火 7	成 金 7	仲 火 6	伍 土 6	右 土 5	元 土 4	乃 火 2
相 金 9	周 火 8	易 土 8	池 金 7	全 火 6	伊 土 6	玉 土 5	尹 土 4	卜 水 2
施 金 9	金 火 8	武 土 8	伯 水 77	曲 火 6	羊 土 6	左 金 5	支 金 4	匕 水 2
查 金 9	東 火 8	岳 土 8	貝 水 7	言 土 7	安 土 6	石 金 5	仇 金 4	于 土 3
侯 水 9	卓 火 8	汪 土 8	步 水 7	巫 土 7	向 金 6	申 金 5	方 水 4	也 土 3
胡 水 9	屈 火 8	於 土 8	何 水 7	余 土 7	任 金 6	司 金 5	卞 水 4	山 金 3
哈 水 9	季 火 8	艾 土 8	兵 水 7	吳 土 7	戎 金 6	史 金 5	毛 水 4	上 金 3
柏 水 9	林 火 8	幸 金 8	谷 木 7	車 金 7	伏 水 6	白 水 5	巴 水 4	才 金 3
皇 水 9	狄 火 8	尚 金 8	李 火 7	刑 金 7	牟 水 6	包 水 5	孔 木 4	寸 金 3
封 水 9	姚 土 9	宗 金 8	佟 火 7	宋 金 7	米 水 6	平 水 5	公 木 4	干 木 3
柯 木 9	俞 土 9	沙 金 8	杜 火 7	岑 金 7	匡 木 6	甘 木 5	戈 木 4	弓 木 3

百家姓劃數與五行表

楊 土 13	辜 木 12	須 金 12	涂 火 11	張 金 11	倪 火 10	馬 水 10	席 金 10	秋 火 9
虞 土 13	喬 火 12	阮 金 12	梁 火 11	常 金 11	凌 火 10	花 水 10	晁 金 10	段 火 9
游 土 13	童 火 12	曾 金 12	戚 火 11	曹 金 11	唐 火 10	高 木 10	夏 金 10	南 火 9
溫 土 13	焦 火 12	單 金 12	區 火 11	崔 金 11	晉 火 10	耿 木 10	容 金 10	紀 火 9
雍 土 13	荊 火 12	項 金 12	章 火 11	苗 水 11	秦 火 10	宮 木 10	徐 金 10	柳 火 9
解 金 13	祁 火 12	黃 水 12	崔 火 11	畢 水 11	英 土 11	庫 木 10	祖 金 10	姜 火 9
詹 金 13	邰 火 12	彭 水 12	紫 火 11	茅 水 11	魚 土 11	貢 木 10	孫 金 10	烏 土 10
楚 金 13	屠 火 12	馮 水 12	張 火 11	麻 水 11	敖 土 11	桂 木 10	師 金 10	袁 土 十
莫 水 13	曾 火 12	斐 水 12	雲 土 12	麥 水 11	尉 土 11	姬 火 10	宰 金 10	殷 土 10
雷 火 13	邱 火 12	賀 水 12	越 土 12	范 水 11	商 金 11	能 火 10	桑 金 10	翁 土 10
路 火 13	粟 火 12	貨 水 12	喻 土 12	符 水 11	許 金 11	郤 火 十	時 金 10	晏 土 10
裘 火 13	勞 火 12	傅 水 12	舒 金 12	梅 水 11	邢 金 11	宰 火 十	索 金 10	修 金 10
湯 火 13	單 火 12	閔 水 12	邵 金 12	寇 木 11	習 金 11	家 火 十	班 水 10	柴 金 10
勒 火 13	甯 火 12	貴 水 12	程 金 12	康 木 11	婁 金 11	祖 火 十	洪 水 10	奚 金 10

百家姓劃數與五行表

蘇 金 22	鄭 火 19	顏 土 18	鄔 土 17	蒙 水 16	厲 火 15	歐 土 15	赫 水 14	賈 火 13
欃 金 22	鄧 火 19	魏 土 18	翼 土 17	鮑 水 16	閭 火 15	萬 土 15	郜 木 14	農 火 13
邊 水 22	譚 火 19	蕭 金 18	應 土 17	霍 水 16	黎 火 15	賞 金 15	管 木 14	詹 火 13
龔 木 22	嚴 土 20	戴 水 18	鍾 金 17	蓋 木 16	談 火 15	褚 金 15	蓋 木 14	聞 土 14
權 火 22	鐘 金 20	歸 木 18	謝 金 17	陸 火 16	鄂 土 16	樊 水 15	郎 火 14	甄 金 14
籠 火 22	竇 水 20	聶 火 18	鄒 金 17	錢 火 16	閻 土 16	墨 水 15	端 火 14	熊 金 14
藺 火 22	藍 火 20	闕 火 18	蔡 金 17	陶 火 16	燕 土 16	葛 木 15	寧 火 14	榮 金 14
巖 土 23	羅 火 20	璩 火 18	韓 水 17	冀 火 16	衛 土 16	鞏 木 15	翟 火 14	趙 金 14
顯 金 23	鐘 火 20	簡 火 18	繆 水 17	駱 火 16	諸 金 16	郭 木 15	廖 火 14	韶 金 14
蘭 火 23	籃 火 20	鄭 金 19	館 木 17	龍 火 16	陳 金 16	董 火 15	連 火 14	臧 金 14
欒 火 23	續 金 21	薛 金 19	鐘 火 17	諸 火 16	諶 金 16	練 火 15	齊 火 14	裴 水 14
靄 土 24	顧 木 21	遲 金 19	蔣 火 17	盧 火 16	潘 水 16	劉 火 15	甄 火 14	郝 水 14
靈 火 24	饒 火 21	龐 水 19	隋 火 17	賴 火 16	蒲 水 16	魯 火 15	葉 土 15	華 水 14
	鐵 火 21	關 木 19	鞠 火 17	陽 土 17	穆 水 16	樓 火 15	樂 土 15	蒙 水 14

姓名八十一劃數吉凶論法

一、萬物之初始。代表開始、權威、獨立、名譽。
二、雜亂而分離。代表不安、依賴、動搖、無常。
三、萬物漸成形。代表豐收、貴助、隆昌、知敏。
四、破壞藏凶險。代表變化、困頓、失勢、無助。
五、陰陽互交流。代表和合、慈祥、尊敬、長壽。
六、富裕而安穩。代表團圓、昌隆、吉慶、智勇。
七、精悍且俊敏。代表突破、開創、堅持、勇敢。
八、堅毅而不拔。代表忍耐、精進、克己、貫徹。
九、吉中藏凶險。代表漂泊、孤獨、茫然、病弱。
十、落寞並黯淡。代表破家、貧困、親離、不測。
十一、逢春得滋長。代表平靜、和順、新復、向榮。
十二、意志顯薄弱。代表挫折、失敗、驕滿、怨尤。

十三、奇智顯異謀。代表充滿、智慧、才智謀略。
十四、浮沉露敗相。代表徒勞、危難、遭厄辛苦。
十五、慈祥得福壽。代表溫順、雅量、涵養、尊敬。
十六、逢凶化吉。代表幸運、突圍、平安無災。
十七、突破萬重難。代表剛正、無私、無怨、無悔。
十八、發展獲成功。代表堅持、理想、決心、才藝。
十九、失意轉流亡。代表刑罰、殺戮、生離死別。
二十、破滅後衰亡。代表不全、失望、喪志、發狂。
二十一、明月現光華。代表領袖、權威、興家才華。
二十二、秋草又逢霜。代表薄弱、徒勞、落空、絕望。
二十三、壯麗大豐碩。代表威猛、前進、果決、豪氣。
二十四、白手能興家。代表才華、健康、智慧、名聲。
二十五、聰明英姿敏。代表財富、孤獨、剛柔兼備。
二十六、波濤浪翻騰。代表變怪、非難、短命、剋親。

二十七、慾望深難止。代表毀謗、攻擊、受挫不滿。
二十八、禍亂生別離。代表橫禍、意外、糾紛勞苦。
二十九、忿恨生不平。代表埋怨、憤世、妒賢、自殘。
三　十、橫逆身難安。代表一成、一敗、一禍、一福。
三十一、圓滿得大志。代表圓融、祥和、知足、佈施。
三十二、溫和心善良。代表順心、遂志、開花結果。
三十三、剛毅兼果斷。代表成熟、落實、不阿犯眾怒。
三十四、家破人身亡。代表破碎、凶險、病厄、為難。
三十五、溫和生平安。代表成就、柔順、熱情、文藝。
三十六、波瀾水萬丈。代表浮沉、好辯、冒險、失敗。
三十七、權威並顯達。代表豐盛、通達、慈祥、尊榮。
三十八、心智弱消沉。代表平凡、失意無志、牽掛。
三十九、天道忌盈滿。代表謙卑柔順、小心、踏實。
四　十、謹慎可保身。代表謹言慎行、戰兢、恐懼。

四十一、有德顯尊榮。代表膽識、幸福、純陽、專一。
四十二、多藝才不精。代表博學、多才、紛亂不一。
四十三、放蕩而散漫。代表外華、空虛、空蕩、妄想。
四十四、愁眉心煩悶。代表好強、好吹、喪志、無賴。
四十五、得志展弘遠。代表美名、福德、財富、成名。
四十六、網羅枷纏身。代表悲哀、辛苦、刑罰、災難。
四十七、開花並結果。代表吉慶、禎祥、希望、成功。
四十八、英明有才德。代表除舊佈新、展才、顯能。
四十九、吉凶難分辨。代表分歧、爭辯、迷思、不明。
五　十、別愁難離苦。代表官司、漂泊、孤獨、亡身。
五十一、勝衰半交替。代表極榮、身退、持盈、保泰。
五十二、洞見搶先機。代表卓識、達觀、異人、超凡。
五十三、禍害藏於內。代表空洞、浮華、不實、禍胎。
五十四、多難殘橫死。代表損失、不合、齟齬、憂悶。

五十五、外美實內苦。代表遭妒、收斂、反觀、自省。
五十六、日落斜西山。代表不應、願違、碰壁、困難。
五十七、天賦異資敏。代表英士、驕子、人龍、奇才。
五十八、禍福藏無常。代表變數、幻化、不定、難測。
五十九、車身老破舊。代表無奈、壞事、難靠、重整。
六　十、老謀算無策。代表死絕、黯淡、才盡、遺憾。
六十一、地基固椿毀。代表傾危、老舊、固執、落伍。
六十二、身心顯疲勞。代表中斷、崩析、力竭、放棄。
六十三、富有且顯達。代表信望、財祿、名譽、成就。
六十四、分離生破壞。代表離散、停頓、意外、病患。
六十五、天長可地久。代表長壽、長久、成就、圓滿。
六十六、進退失依據。代表暢通、宏展、順遂、達志。
六十八、勤勉以興家。代表積極、開創、思密、克難。
六十九、病災途艱險。代表動搖、不安、鈍挫、不決。

七　十、失敗遇衰亡。代表空虛、慘淡、寂寞、乖違。

七十一、吉祥含悲苦。代表固執、無謀、生智、得樂。

七十二、萬難心甘受。代表成熟、智慧、明白、歡喜。

七十三、高志以涵養。代表振奮、忍辱、踏實穩健。

七十四、不遇且多敗。代表不遇、嘲笑、愚弄、不展。

七十五、退守保平安。代表不違、順天、正守、得福。

七十六、傾福盡散落。代表艱難、屈守、短志、落空。

七十七、樂極徒生悲。代表假象、虛榮、空華、失陷。

七十八、晚景心淒涼。代表春夢、泡影、警醒、悔晚。

七十九、回天也乏術。代表志屈、無節、乏力、唾棄。

八　十、隱退方得福。代表光盡、身退、明哲、保身。

八十一、還元大復初。代表尊榮、旺盛、福昌、禎祥。

不可思議的姓名靈動

命理一詞，實為人對一生中的從生到死，所當經歷的生老病死、悲歡離合的總註解。

實際上命理囊括山、醫、命、卜相，而其中命學部分所應用最多也最廣的，莫過陰陽宅，紫微斗數，子平八字及姓名學等等……

有人說：一命二運三風水四讀書五積德。但其實這其中，雖分為五，然實際亦為五合一也。

如：

讀書
積德
命
運
風水

或許命運可以主宰一切，但積德亦是改變命運一個很重要的關鍵。而其中讀書也是改變命運不可或缺的一環。學歷高，不代表會有好命運，但有深厚的學問、知識，有時也是改變命運不可少的因子。風水是否如傳言中的神奇亦待考證但古人常說：「福地福人居，福人居福地。」也有很深的哲理在裡頭。

賢哉古語云：「山不在高，有仙則名，水不在深，有龍則靈。」此語正意謂著，地理的有沒有靈氣重點在有沒有龍，有沒有仙，若有就算矮山淺水亦能利養萬物，若人心善良，廣結善因，縱雖短暫貧賤，有朝一日，亦可光耀門楣。

故而個人對命學二十幾年的研究心得中子平八字與姓名學，常有著息息相關且有密不可分的關係存在，後學深覺，有其命著，必有其名。亦有人云：「人如其名」或「名符其實」或「見面不如聞名」等等……諸如此類，不勝枚舉。是故姓名實是子平八字好壞評鑑的觀察站。

好命好運者，通常會取到音靈好、三才好、字義好者，若命好，運不好者，其姓名則較為平凡，而命不好者，姓名音靈靈動好，卻三才筆劃較不好，而命不好而運好者，則姓名音靈靈動不佳，卻筆劃三才好。等等不一……

女性人格、地格或總格為二十一、二十二、二十三，易有婚姻危機。

14	連	15
8	明	22
4	月	12
	26	

波濤浪翻騰。代表變怪、非難、短命、剋親。

14	連	15
8	明	22
14	華	22
	36	

波濤水萬丈。代表浮沉、好辯、冒險、失敗。

14	連	15
8	明	22
11	珠	19
	33	

剛毅兼果斷。代表成熟、落實、不阿犯怒。

以上三例：因姊妹皆同字取名，故人格皆二十二劃，此筆劃女性人名之大忌故三姊妹皆與人同居或離婚再嫁，且總格二十六、三十三、三十六皆筆劃之凶數。勿取也。

	19	關	20	天格 癸亥
	10	芝	29	人格 壬子
14	13	琳	23	地格 丙午

乙卯 42 總格

	16	陳	17	天格 庚申
外格	7	孝	23	人格 丙午
16	15	萱	22	地格 乙卯

辛酉 38 總格

	8	林	9	天格
外格	9	美	17	人格
14	13	照	22	地格

30 總格

關小姐的姓名，組合中在後天人格出現了二十九的壬子，地格二十三的丙午 形成子午沖，且總格四十二乙卯木與地格二十三丙午形成午卯破。

陳小姐的姓名中，在後天人格出現了二十三及地格二十二的女名大忌，且總格三十八辛酉與地格二十二乙卯形成卯酉沖，且地格二十二乙卯木人格二十三丙午形成午破卯。此種組合亦大忌。

林小姐的姓名，在後天地格中出現了二十二劃的女名大忌，亦有礙婚緣。

	8	金	9	天格 壬子
外格	10	素	18	人格 辛酉
12	11	梅	21	地格 甲寅

29 總格

金小姐的後天天格九劃壬子與人格十八辛酉形成子酉破之外，地格二十一亦為女名大忌，身體健康不佳，婚緣也不理想。

	10	夏	11	天格
外格	10	玲	20	人格
11	10	玲	20	地格

30 總格

夏小姐的姓名組合，在後天人格及地格中均出現二十的女名大忌。恐為婚緣阻因。

	10	馬	11	天格 甲寅
外格	14	維	24	人格 丁巳
9	8	欣	22	地格 乙卯

32 總格

馬小姐的姓名組合中，除了後天地格出現了二十二劃的女名大忌，天格十一甲寅木與人格二十四丁巳火亦形成互刑的組合，恐為婚緣所苦。

	15	葉	16	天格
外格	8	青	23	人格
2	1		9	地格

23 總格

葉小姐的姓名組合中，後天人格二十三為女名大忌，二十三為丙午火，與地格九劃壬子水相沖，恐不利婚姻。

	17	蔡	18	天格
外格	9	秋	26	人格
15	14	鳳	23	地格

40 總格

蔡小姐的姓名組合，在後天地格沖現了二十三劃的女名大忌，故婚緣亦將較晚或有重婚、不婚之兆。

	11	張	12	天格
外格	12	惠	23	人格
9	8	妹	20	地格

31 總格

張小姐的姓名組合中，在後天人格及地格均出現了二十三及二十的女名大忌恐易造成婚緣困難。

	10	高	11	天格 甲寅
外格	9	怡	19	人格 壬子
15	14	萍	23	地格 丙午
		33 總格		

	10	孫	11	天格
外格	12	淑	22	人格
12	12	媚	24	地格
		34 總格		

	15	劉	16	天格
外格	11	若	26	人格
12	11	英	22	地格
		37 總格		

劉小姐的姓名組合中，在後天地格出現了二十二劃的女名大忌，故婚姻恐亦須晚些。

孫小姐的姓名中，在後天人格中亦出現了二十二劃的女名大忌。恐阻礙姻緣。

高小姐的姓名中，後天人格十九壬子水，地格二十三丙午火為水火相沖之外，地格二十三為女名大忌，且總格與地格亦形成雙丙午。此種女性亦應盡量避開。

	11	張	12	天格 乙卯
外格	12	清	23	人格 丙午
11	10	芳	22	地格 乙卯

丙午 33 總格

	11	梁	12	天格
外格	12	詠	23	人格
14	13	琪	25	地格

36 總格

	6	朱	7	天格 庚申
外格	12	惠	18	人格 辛酉
11	10	珍	22	地格 乙卯

28 總格

張小姐的後天天格為十二乙卯木，人格為二十三丙午火，地格二十二乙卯木，總格三十三丙午火，此組合除了有雙乙卯的特性，也出現雙丙午與雙乙卯之午卯破的特性，此組合為姓名學大忌。

梁小姐的後天人格出現了二十三的女性大忌且總格與地格形成二十五與三十六的五與六的羅網交織煞格。必要有晚婚、重婚、不婚或與配偶生離死別的情形。

朱小姐姓名組合中，在後天天格出現了七的庚申金，且人格十八辛酉金，地格二十二乙卯木，除了二十二劃再地格為女性大忌，雙金剋一木亦為大忌。

	18	璩	19	天格
外格	9	美	27	人格
15	14	鳳	23	地格
		41 總格		

	7	李	8	天格 辛酉
外格	8	佩	15	人格 戊戌
15	14	菁	22	地格 乙卯
		壬子 29 總格		

	16	諶	17
外格	12	雯	17
11	10	玲	22
		38	

璩小姐之後天地格中，出現了二十三劃的姓名組合，此組合為女性大忌，故婚緣不美。這種筆劃數是女性必須避開的。

李小姐的姓名組合中，後天天格八劃為辛酉，人格十五劃為戊戌，此種組合為酉戌相穿，且地格也出現了二十二劃的女性大忌。故婚緣亦晚。

諶小姐，地格二十二劃，為女名大忌且天格二十七劃金，人格二十八劃亦金，為金金木亦大凶組合，亦面臨離婚。

	12	黃	13
	6	羽	18
17	16	蓉	22
		34	

黃小姐天格十三丙午火，人格十八辛酉金，地格二十二乙卯木為火剋金，金剋木，且地格二十二為女名大忌亦離婚。

	4	王	5
	13	聖	17
10	9	怡	22
		26	

王小姐天格五戊戌土，人格十七庚申金，地格二十二乙卯木。

為酉戌拱申，及金剋木，又地格二十二故幾近離婚。

	7	江	8
	12	淑	19
10	9	姿	21
		28	

江小姐天格八辛酉，人格十九壬子，地格二十一甲寅，酉見子破，地格二十一為女名大忌，亦離婚。

姓名中若有雙壬子、雙丙午、雙辛酉、雙乙卯者，能避則避，若姓名中，酉出現以上之組合者，大多數人，皆可能與配偶產生生離死別之象。

例：

	12	黃	13	
	11	培	23	
11	10	益	21	
		33		

黃先生之天格十三丙午火，人格二十三丙午火，且地格為二十一甲寅木，出現了雙丙午之組合，故老婆與情夫出走。

		12	賀	13	天格 丙午
外格		1	一	13	人格 丙午
	11	10	航	11	地格 甲寅
		丙午	23	總格	

賀先生的姓名組合中，亦出現了多重，重疊的丙午組合，婚緣亦難美好。

	20	羅	21	天格 甲寅
	3	大	23	人格 丙午
11	10	祐	13	地格 丙午

丙午 33 總格

羅先生的姓名組合中，亦出現了多重重疊的丙午組合，故亦難造就美好婚緣。

	11	張	12	天格 乙卯
外格	8	艾	19	人格 壬子
15	14	嘉	22	地格 乙卯

33 總格

張小姐的姓名組合，在後天天格及地格均出現了十二極二十二之雙乙卯的組合，故亦難成就美好姻緣。

	17	蔡	18	天格 辛酉
外格	11	振	28	人格 辛酉
10	9	南	20	地格 癸亥

37 總格

蔡先生的姓名組合中，在後天天格極人格均出現了十八及二十八之雙辛酉的組合，故亦婚姻不美之格局。

	7	吳	8	天格 辛酉
外格	12	淡	19	人格 壬子
7	6	如	18	地格 辛酉

25 總格

	8	金	9	天格 壬子
外格	10	城	18	人格 辛酉
9	8	武	18	地格 辛酉

26 總格

	17	蔡	18	天格 辛酉
外格	8	幸	25	人格 戊戌
11	10	娟	18	地格 辛酉

35 總格

吳小姐的姓名組合中，後天天格為八劃辛酉地格十八劃亦為十八辛酉，故在吳小姐的姓名組合中出現了雙辛酉。故晚婚。

金先生的姓名組合中，在後天人格及地格中均出現十八劃的雙辛酉組合。為晚婚、重婚、不婚或與配偶生離死別。

蔡小姐的姓名組合中，出現了後天天格及地格均為十八劃的辛酉，故至今未婚。

	11	梁	12	天格 乙卯
外格	12	朝	23	人格 丙午
12	11	偉	23	地格 丙午
		34 總格		

梁先生的姓名組合中，出現了後天人格二十三劃及地格也二十三劃的雙丙午，故至今未婚。雖與劉嘉玲小姐戀愛多年，亦未能成就婚姻，恐與姓名亦有一點關係吧！

	11	張	12	天格 乙卯
外格	21	藝	32	人格 乙卯
17	16	謀	37	地格 庚申
		48 總格		

張先生的組合中，後天天格出現了十二劃以及人格出現三十二劃的雙乙卯組合。故亦有晚婚、不婚、重婚或與配偶生離死別之象。

	8	岳	9	天格 壬子
外格	11	翎	19	人格 壬子
2			12	地格 乙卯
		19 總格		

岳小姐的姓名組合中，後天天格出現了九劃及人格十九劃的雙壬子組合，故亦易有晚婚、重婚、不婚與配偶生離死別之兆。

		7	李	8	天格 辛酉
外格		11	敖	18	人格 辛酉
	2	1		12	地格 乙卯

18 總格

		11	康	12	天格 乙卯
外格		11	康	22	人格 乙卯
	2	1		12	地格 乙卯

22 總格

		17	謝	18	天格 乙卯
外格		10	祖	27	人格 庚申
	9	8	武	18	地格 辛酉

35 總格

謝先生的後天天格出現了十八劃，以及地格也十八劃的雙辛酉組合。

康先生的姓名，組合出現了罕見的多重重疊乙卯組合，若不改名，恐難成就美好婚姻。

李先生的姓名組合中，天天格及人格皆為八與十八的雙辛酉組合，且亦金木剋。有多次婚姻。

	16	陳	17	天格 庚申
外格	6	百	22	人格 乙卯
17	16	潭	22	地格 乙卯

38 總格

	16	龍	17	天格
外格	3	千	19	人格
6	5	玉	8	地格

24 丁巳 總格

	7	江	8	天格 辛酉
外格	5	玉	12	人格 乙卯
14	13	琴	18	地格 辛酉

25 總格

江小姐的姓名中，在後天天格及地格出現了八與十八的雙辛酉組合。雖改名龍千玉亦難改婚姻。

因龍千玉的總格二十四丁巳與地格及人格形成子酉破及子巳破之格局。

陳先生的姓名組合中，在後天人格及地格均出現了二十二劃的雙乙卯組合，故此組合亦難造成就好的姻緣。

12 費 13
9 貞 21
15 14 綾 23
———
35

費小姐的人格二十一、地格二十三為女名大忌，故離婚。

11 崔 12
11 苔 22
15 14 菁 25
———
36

崔小姐天格十二乙卯木、人格二十二乙卯木、地格二十五戊戌土，為木木土 ，且人格二十二，女性婚姻大忌的組合，故離婚。

11 張 12
11 國 22
15 14 榮 25
———
36

此名天格十二乙卯、人格二十二乙卯為雙乙卯，亦有不婚、晚婚、重婚或配偶生離死別之凶兆組合。

20 藍 21
12 淑 32
11 10 芬 22
42

此名的組合，人格三十二乙卯、地格二十二乙卯，為雙乙卯的組合，且地格二十二易與配偶生離死別。

其八字如下：

丙午　丁火日生冬水月，甲木司令。
己亥　身強得印生，喜壬水正官。
丁丑　其夫必佳，為人俊逸，可為老闆或主管（事實其夫為老闆）。
乙巳　日時巳丑暗拱酉，夫必有外情，現大運正走乙未，姻緣存危，證實今年正欲辦離婚。

7 吳 8
9 秋 16
10 9 香 18
25

此名的後天天格八為辛酉、地格十八亦為辛酉，為雙辛酉組合。先生在外與人同居多年。

8 周 9
11 敏 19
10 9 皇 20
28

此名後天天格為九劃壬子水人格十九劃亦為壬子水。

亦出現了雙壬子的組合，故亦離婚多年。

12 黃 13
11 梅 23
12 11 英 22

34

此名後天天格十三為丙午火，人格二十三亦為丙午火，為雙丙午的組合，且地格二十二為女名大忌，故夫早逝。

其八字如下：

己亥　乙木生巳火月、日、月、巳未，暗拱午。

己巳　火燥土焦，最喜金水，惜亥巳沖。

甲申　巳申刑，故其夫歿。

乙未　古賢云，喜用不可傷，喜用一傷命不長，大運二十九～三十八壬申，申亥，穿破。

8 狄 9
21 鶯 29
2 ｜ 22

29

此名天格九壬子水，人地二十九壬子水，地格二十二乙卯，除了雙壬子，也形成子卯刑，且地格二十二亦女名大忌，故離婚。

人名中除了有雙壬子、雙丙午、雙乙卯、雙辛酉、容易造成夫妻間的生離死別外，天地人三才姓名的組合形成由上往下或由下往上剋，也容易造成夫妻間的生離死別。不婚，晚婚或重婚。

例如：

	17	蔡	18
	5	玉	22
12	11	梅	16
		33	

後天天格十八辛酉、人格二十二乙卯、地格十六己未，為金剋木、木剋土、故本人早逝。

	11	許	12
	6	色	17
18	17	蓮	23
		34	

後天天格十二木、人格十九金、地格二十三火，此名由下往上剋為火剋金金剋木，且地格二十三為女名大忌。今夫妻幾已離婚。

7 江 8
10 倩 17
13 12 雯 22
29

此名後天天格八為辛酉，人格十七為庚申，地格二十二為乙卯為木、金木相剋的組合，上往下剋，且地格二十二為女名大忌。

其八字如下：

丙辰　丙火雙透，日支坐寅木。
己亥　適得其所，惜局中土氣洩重。
丙寅　壬水七殺，偏夫為食傷所制，故至今未婚。
己丑

15 葉 16
19 麗 34
12 11 苓 30
45

此名的後天天格三十四丁巳火，地格三十癸亥水，為由下往上剋之水火沖的組合，故離婚多時。

	9	施	10	
	10	素	19	
4	3	女	13	
		22		

此名後天天格十癸亥、人格十九為壬子、地格十三丙午為由上往下剋，且子午沖總格二十二為女名之大忌。故離婚，且夫亦亡多年。

	12	曾	13	
	9	癸	21	
17	6	米	15	
		27		

此名後天人格二十一木，地格十五土為由上往下剋的組合，且人格二十一為女名大忌，故離婚。

	10	洪	11	
	14	瑞	24	
17	6	西	20	
		30		

此名後天人格二十四丁巳、地格二十癸亥，為由下往上剋之水火沖的組合。此人離婚多年。

11 張 12
15 廣 26
7 6 宇 21
32

此名後天天格十二木，人格二十六土，地格二十一木為上下夾剋之組合大凶。

其八字如下：

壬寅　夫妻宮逢沖，大運丙午，
壬寅　三合火局(寅午戌合)，嚴重外遇，
丙辰　幾面臨離婚。
戊戌　八字財星入墓，妻緣薄。

4 王 5
13 聖 17
10 9 怡 22
26

此名後天天格五為土、人格十七為金、地格二十二為木，為土生金，金剋木的組合，且地格二十二為女名大忌。

其八字如下：

壬寅　癸水日元，其氣盡洩於寅卯辰東方木之精華

壬寅　惜丙火財星為年月雙壬所克制

癸卯　女命食傷旺必與夫緣薄

丙辰　故夫婿有外遇，且幾已離婚

	8	林	9
	5	玉	13
4	3	凡	8
		16	

此名後天天格九壬子水、人地十三丙午火、

地格八辛酉金，為由上往下剋之水火金。

其八字如下：

壬子　支全亥子丑之食傷旺氣

乙巳　巳中丙火正夫，被水所制

辛亥　雖為人聰慧，但至今未婚

己丑

	16	陳	17
	5	玉	21
18	17	蓮	22
		38	

此名後天天格十七金、人格二十一木、地格二十二木，為由上往下剋之組合，且人格與地格二十一、二十二為女名之大忌。

其八字如下：

丁未　此造身強喜，甲木正官
甲辰　惜柱中無水，且時干透
己巳　辛金制甲木，且木又破大洩
辛未　夫星甲木幾乎蕩然不存，故至今未婚。

	17	謝	18
	4	月	21
4	3	子	7
		24	

此名後天天格十八金、人格二十一木地格七金，為上下夾剋之組合，且人格二十一為女名之大忌。

其八字如下：

壬午　官殺混雜，雙午破酉，正夫傷矣

己酉　唯運喜走火土，故運佳

甲午　入癸卯運，卯午破，卯酉沖

壬申　夫官與夫星皆傷，故其夫得癌症。

	16	陳	17
	6	守	22
6	5	正	11
		27	

此名後天天格十七金、人格二十二木、地格十一木，為由上往下剋之組合。且總格二十七，慾望深難止之凶格。

其八字如下：

庚辰　壬水得三印生扶，最喜日支寅木洩秀

庚辰　制土，惜大運走至丙戌

壬寅　除了辰戌沖，且日支寅又與戌暗拱午火

己酉　故於壬午年開刀且，又患癌症。

11 張 12
16 靜 27
9 8 宜 24
35

此名後天天格二十四丁巳火、人格二十七庚申金、天格十二乙卯未為由下往上剋之組合。至今未婚。

其八字如下：

癸丑　身強喜官，惜木藏不明現
丙辰　大運現正走二十四～三十三之己未運
己丑　丑未逢沖，或可成婚
辛未　但夫妻宮逢沖，且子女宮亦沖，恐難久長。

16 陳 17
7 秀 23
18 17 霞 24
40

此名的後天天格十七庚申金、人格二十三丙午火、地格二十四丁巳火，為由下往上剋之組合。且人格二十三為女名大忌，結果其夫已死多年。

姓名中出現了上下相刑或三刑者能避則避，因此，組合易有不婚、晚婚、重婚或生離死別之象。

	16	陳	17	
	8	亞	24	
24	23	蘭	31	
		47		

此名天格地格人格外格總格皆出現了三刑煞的組合，天格十七庚身、人格二十四丁巳、地格三十一甲寅、總格四十七庚申、外格二十四丁巳之寅巳申三刑煞不吉的組合。易有不婚、重婚、晚婚。

	13	莫	14	天格 丁巳
外格	4	文	17	人格 庚申
18	17	蔚	21	地格 申寅
		25 總格		

莫小姐的姓名組合中，天、地、人，三才同時出現了十四丁巳火，十七庚申金，二十一甲寅木之三刑煞格，古云：三刑得用，威震邊疆。雖或可成名，卻恐有晚婚、不婚、重婚或與配偶生離死別之象。

	13	莊	14
	11	梅	24
24	23	蘭	34
		47	

此名天格人格地格外格總格為巳申刑之組合，故離婚近二十年。

	8	金	9
	4	介	12
5	4	文	8
		16	

此名後天，天格九壬子、人格十二乙卯、地格八辛酉，為子刑卯，酉沖卯之大凶組合，為人性喜風流。近與妻分居。

	15	劉	16
	10	芳	25
14	13	琴	23
		38	

此名天格十六己未、人格二十五戊戌、未見戌刑，且地格二十三為女名大忌，故夫在外與女人同居多年。

其八字如下：

丙申　金水旺，身弱難任官

壬辰　逢大運戊子，子沖夫宮午

丙午　直到於今，夫離家未回矣！

己亥　皆因申子辰三合之威力也。

	8	林	9
	7	妙	15
10	9	姮	16
		24	

此名為天格九壬子、人格十五戊戌、地格十六己未、未見戌刑，故重婚多次。

其八字如下：

庚子　支見巳午未，聚夫宮官殺雜夫緣不佳

壬午　故才有多次婚姻的情形出現。

辛巳

乙未

4	王	5
12	敦	16
2		13
	16	

此名天格五戊戌、人格十六己未，為未見戌刑故離婚多年。

15	葉	16
10	展	25
2		11
	25	

此名天格十六己未、人格二十五戊戌為未見戌刑，故離婚多年。

	17	蔡	18
	12	淑	29
11	10	玲	22
		39	

此名天格十八辛酉、人格二十九壬子、地格二十二乙卯為子酉破，子卯刑，故至今未婚。

其八字如下：

戊戌　壬水生清明後十日，癸水司權

丙辰　夫宮有合，有沖，氣聚財官

壬戌　且官殺混雜，大運二十四～三十三癸丑

丙午　丑戌刑三十四～四十三壬子運子沖午四十四～五十三辛亥，辰亥四煞刑剋太重，故至今未婚。

17	吳	8
17	燦	24
13 12	發	29
	46	

此名人格二十四丁巳、地格二十九壬子為子巳破，故至今未婚。

其八字如下：

壬寅　支見寅午戌三合火局

丙午　合火旺局，局中不見金氣財星妻緣薄

丙戌

7 李 8
8 明 15
9 8 依 16
23

此名人格十五戊戌、地格十六己未為未戌刑，且總格二十三為女名之大忌，故離婚。

11 張 12
5 世 16
11 10 倩 15
26

此名人格十六己未、地格十五戊戌，為未見戌刑，故至今四十多歲未婚。

16 陳 17
20 寶 36
15 15 嬌 35
51

此名人格三十六己未、地格三十五戊戌，未見戌刑，故夫死多年。

11 許 12

14 翠 25

13 12 媚 26

37

此名人格二十五戊戌、地格二十六己未，為未見戌刑，故此人離婚多時。

17 吳 8

8 明 15

9 8 姈 16

23

此名人格十五戊戌、地格十六己未，為未見戌刑，且總格二十三為女名大忌，故至今四十餘歲未婚。

其八字如下：

壬寅　大運一路逢沖逢破

己酉　且逢走南方火地

乙亥　剋破夫星酉金

丁丑　故至今未婚

		12	曾	13	天格
外格		4	心	16	人格
	12	11	梅	15	地格

27 總格

曾小解的姓名組合中，在後天人格出現了十六劃，在後天地格中出現了十五劃，亦為五與六的羅網交織煞格，易有晚婚、重婚、不婚或與配偶生離死別之象。

		4	尹	5	天格
外格		12	清	16	人格
	14	13	楓	25	地格

29 總格

尹先生的姓名組合，在後天人格中出現了十六劃。在後天地格中，出現了二十五劃，亦為五與六的羅網交織煞格。此種組合，易有不婚、晚婚、重婚或易與配偶生離死別之象。故尹先生多年前殘遭橫禍，命案至今未破。

	16	潘	17	天格
外格 9	9	美	25	人格
8	7	辰	16	地格

32 總格

潘小姐的姓名組合在後天人格出現二十五劃，在後天地格出現十六劃。亦為五與六的羅網交織煞格。此種組合易有晚婚、重婚、不婚或易與配偶生離死別，故潘小姐至今未婚。

	8	林	9	天格
外格	8	青	16	人格
18	17	霞	25	地格

33 總格

林小姐的姓名組合在後天人格中出現十六劃，在地格中，出現二十五劃，亦為五與六的羅網交織煞格。此種組合，會有晚婚、重婚、不婚或與配偶有生離別之象。

4 尤 5 天格

外格 12 雅 16 人格

2 | 13 地格

16 總格

尤小姐後天天格五劃、地格十六劃，即為五與六的羅網交織煞格。此種姓名組合大凶之組合，易與配合生離死別，故尤小姐與夫離婚多年。

19 鄭 20 天格

外格 7 余 26 人格

19 18 鎮 25 地格

44 總格

鄭先生的姓名組合中，在後天人格出現了二十六劃及後天地格出現二十五劃，亦為五與六的羅網交織煞格。此姓名組合易有晚婚、重婚、不婚或與配偶生離死別之象。故鄭先生之婚姻情況很糟。

(五)、認識十天干

甲木參天，脫胎要火，春不容金，秋不容土，
火織乘龍，水蕩騎虎，地潤天和，植立千古，
乙木雖柔，刲羊解牛，懷丁抱丙，跨鳳乘猴，
虛溼之地，騎馬亦憂，藤羅繫甲，可春可秋，
丙火猛烈，欺霜侮雪，能鍛庚金，逢辛反怯，
土眾生慈，水猖顯節，虎馬犬鄉，甲來成滅，
丁火柔中，內性昭融，抱乙而孝，合壬而忠，
旺而不烈，衰而不窮，如有嫡母，可秋可冬，
戊土固重，既中且正，靜翕動闢，萬物司命，
水潤物生，火燥物病，如在艮坤，怕沖宜靜，
己土卑溼，中正蓄藏，不愁木盛，不畏水狂，

火少火晦，金多金光，若要物旺，宜助宜幫，
庚金帶煞，剛健為最，得水而清，得火而銳，
土潤則生，土乾則脆，能贏甲兄，輸於乙妹，
辛金軟弱，溫潤而清，畏土之多，樂水之盈，
能扶社稷，能救生靈，熱則喜母，寒則喜丁，
壬水通河，能洩金氣，剛中之德，周流不滯，
通根透癸，沖天奔地，化則有情，從則相濟，
癸水至弱，達於天津，得龍而運，功化斯神，
不愁火土，不論庚辛，合戊見火，化象斯真。

十天干總論

正月甲木

庚子　丁丑 4
戊寅　丙子 14
甲戌　己亥 24
丙寅　甲戌 34
　　　癸酉 44
　　　壬申 54

此造甲木日元生，寅月，丙火旺象。且寅戌暗拱午火，時透丙火，火土燥熱，最喜子中，癸水潤木。

七煞偏夫高透，正官辛金暗藏入墓，婚姻不可太早。初運北方水地。此命主乃揚名於香港，東南亞的女影星。

辛卯　己丑 10
庚寅　戊子 20
甲辰　丁亥 30
己巳　丙戌 40

此造甲木正月，於驚蟄前一日生，甲木司令。支全寅卯辰東方木局，身強最喜財官，可惜年月庚辛絕於寅，卯。官殺無氣。退而用火生土。但初運行北方水地。

火逢水則沖。故此命主從青少年時期，直至出社會謀職，

乙酉 50
甲申 60

創業皆一事無成。

己亥
丙寅
甲戌
戊辰

此造正月甲木於雨水後兩日生甲木司令。身弱財旺逢沖。且寅戌拱合午火。丙火透出。化火成局。亥中壬甲，遇天干、戊、己剋合，喜用皆傷。（喜用不可傷，喜用一傷命不長），此命為非殘則夭之造。

故於三歲辛丑，得小兒麻痺。因丑戌刑沖之故，（所謂土堅木催）木主手腳。

二月甲木

丙午　壬辰 11
辛卯　癸巳 21
甲子　甲午 31
癸酉　乙未 41

此造甲木卯月於驚值日生，甲木司權。日元得癸、子生旺。二月氣寒，最喜火暖。惜丙辛合、午卯破，且不見財星，妻宮、子、卯刑、子酉破、且大運子，巳破，子、午沖，故至今三十八歲未婚。

丙申 51
丁酉 61

丙戌
辛卯
甲辰
甲子

壬辰 3
癸巳 13
甲午 23
乙未 33
丙申 43
丁酉 53
戊戌 63

甲木卯月生春分後十天，乙木當旺，支合子辰，身強矣；喜財官方成棟樑，惜辛金正官於卯月絕，又逢丙火剋合，所謂喜用不可傷，喜用一傷命不長。

故命主於大運丙申，流年癸酉殘遭橫禍而亡，因申子辰三合水局，洩申酉戌之金局也，為非殘則夭之命。

庚子
己卯
甲午

庚辰 11
辛巳 21
壬午 31

甲木日元生卯月，甲木司令。取庚殺為用，惜庚金洩於子水，取土生扶庚金以補不足，更可惜的是，己土逢雙甲剋合，且己土又坐病死之位。喜用無力，退其次用日支午火，又逢卯

甲子　癸未41
　　　甲申51
　　　乙酉61

破，子水沖，此為非殘則夭。故於二十五歲甲子年大運辛巳與流年，子破巳，竟於車禍中成殘障。

三月甲木

庚申　辛巳2
庚辰　壬午12
甲戌　癸未22
庚午　甲申32
　　　乙酉42
　　　丙戌52

甲木生辰月，戊土司令。天干三庚，殺重申輕，且日時干，戌，合為剋，洩交集之命，木當論從，然年月，申，辰，暗拱子水，生扶日元，為絕處逢生，不可從也。

且地支水火交戰，天戰不寧，用神無力逢沖，非殘則夭。結果於幼年時即肢體傷殘。

丁未　癸卯2
甲辰　壬寅12
甲辰　辛丑22

甲木生辰月，乙木當權，最喜傷官，洩秀生財，可惜壬癸二運剋火太過，庚，辛，二運為傷官見官。

多頭馬車，主客不明。且大運皆行水，木運，實可惜也。

丁卯　庚子32
　　　己亥42
　　　戊戌52

四月甲木

庚子　壬午8
辛巳　癸未18
甲辰　甲申28
辛未　乙酉38
　　　丙戌48
　　　丁亥58

丁巳　甲辰8
乙巳　癸卯18
甲申　壬寅28

故家境雖富裕，但其人只為一校工耳。

甲木巳月，庚金司令。天干三透庚辛。剋身太過，以印化殺，官殺太旺，子水遠隔，亦喜丙火制官殺，惜子巳相破，喜用皆傷，故非殘則夭。大運壬午，支戌巳午未旺火。沖弱子水，水火交戰，不幸雙目不見外物（火主眼睛、腦、心臟）。

甲木日元，生巳月，丙火司令。木氣盡洩於火，取水生扶。雖巳申合水，惜丙火司令。

雖合而不化，則申中壬水，受制矣，用神無力或有傷為非

乙丑　辛丑 38
　　　庚子 48
　　　己亥 58

殘則天。

此造命主，於流年癸亥沖年柱丁巳之十六前的第一運於當年四月中，死於水中，雖出身富家，卻無福消受。

甲戌　庚午 2
己巳　辛未 12
甲辰　壬申 22
癸酉　癸酉 32
　　　甲戌 42
　　　乙亥 52
　　　丙子 62

甲木日元生巳月，丙火司令。火土燥熱，最喜金水，財星多合，妒合，雖得財經博士，但年近五十時亦未婚。

幸喜大運一路金水，木，可喜可賀。

五月甲木

壬子　丁未 2
丙午　戊申 12

甲木日元生午月，丁火司權，火旺洩申太過，取壬子水制火，生扶日元，可惜壬子，丙午，天地沖剋，又無濕土引化，

甲午 己酉 22
丙寅 庚戌 32
辛亥 42
壬子 52
癸丑 62

故此命主為殘缺之人。

丙申 癸巳 1
甲午 壬辰 11
甲辰 辛卯 21
甲辰 庚寅 31
己丑 41
戊子 51

甲木日元生午月，己土司令，全局洩重，正官不現，七殺制重（正夫不現，偏夫明現又重見，非妾則寡），大運至辛卯，丙辛剋合，卯穿破夫宮辰，故於是年夫車禍亡故。

戊戌 丁巳 11
戊午 丙辰 21

甲木日元生午月，丁火司令，全局火土燥熱甲申日為絕處逢生，不可論從，因甲木出干。月、日，之午申為紅艷，紅艷

甲申　己卯31
甲戌　甲寅41
　　　癸丑51
　　　壬子61
逢合，多情慾，此命主淫賤，出牆（正夫不見，偏夫明現又重逢，非妾則寡）。

六月甲木

辛酉　甲午3
乙未　癸巳13
甲午　壬辰23
庚午　辛卯33
　　　庚寅43
　　　己丑53
此造甲木日元生未月，乙木司令，六月土燥木枯，必要用水，惜局中不見滴水，月干被剋破，未土財星，亦被合，故父母早年離異，且其父亦亡故多年。
丁巳　戊申9
丁未　己酉19
甲木日元生未月，乙木司令，支見巳午南方火，且夫宮，未戌刑，又日時午戌合（辛金正夫藏，偏夫明見又重現，非妾

甲戌　庚戌29
庚午　辛亥39
　　　壬子49
　　　癸丑59

則寡），於戊運申，與夫離婚，傷官制殺太過矣。

七月甲木

辛未　丁酉2
丙申　戊戌12
甲子　己亥22
乙丑　庚子32
　　　己丑42
　　　戊寅52

甲木日元生申月庚金司令，正官透出年上，被丙火剋合，且偏夫與夫宮子水合，而夫宮子水又與時支丑合，故此微妙組合，便決定了此命主與先生的婚姻變化（正夫不明，偏夫重現為非妾則寡）此女與夫離婚後，再嫁做人妾，因大運庚子，偏夫明現又重逢。

戊寅　辛酉10
庚申　壬戌20

甲木日元生申月，戊土司令，支見申酉戌，七殺剋制日元太過，以印（癸水）化殺，惜年支寅，祿被沖破（喜用不可傷

甲戌
癸酉

癸亥30
甲子40
乙丑50
丙寅60

喜用一傷命不長），喜用傷，則非殘則夭，故眼睛失明。

癸丑
庚申
甲戌
丁卯

己未5
戊午15
丁巳25
丙辰35
乙卯45
甲寅55
癸丑65
壬子75
辛亥85

甲木日元生申月，壬水司令，時落羊刃，日時卯戌合，此命非傷官駕殺，亦非用印化殺，更非陽刃合殺，此造乃傷官配印，丁火傷官透出，又得壬水司令，真神得用，故大運一路順暢，從基層做起，直到外交部長，及駐差大使乃教廷大使，直到癸運，癸水傷丁，才從外交部長退下來，若用傷官，癸運豈能平安。

八月甲木

丁丑　戊申10
己酉　丁未20
甲午　丙午30
丙寅　乙巳40
　　　甲辰50
　　　癸卯60

甲木日元生酉月，庚金司令，剋洩太過，取水生扶，丑酉合金，午寅合火，喜用無力，又被化合，非殘則夭，為一殘障者。

乙巳　甲申11
乙酉　癸未21
甲午　壬午31
癸酉　辛巳41
　　　庚辰51
　　　己卯61

甲木日元生酉月，庚金司令，地支剋洩太重，以水化殺生身，惜午酉破，癸水虛露，化之不及，且巳酉合，用神無力，非殘則夭此造命主已換腎。

壬午　戊申10
己酉　丁未20
甲午　丙午30
壬申　乙巳40
　　　甲辰50
　　　癸卯60

甲木日元生酉月，辛金司令，以印化殺，己土正財虛浮，取火培補，惜官有破，故官至代表而已，生有二女，一男但不幸兒子於前二年得癌症去世。

九月甲木

丙辰　丁酉8
戊戌　丙申18
甲寅　乙未28
己巳　甲午38
　　　癸巳48
　　　壬辰58

甲木日元生戌月，戊土司令，辰戌沖旺土，寅戌亦合火，時日寅巳刑，大運丙申形成寅巳申三刑，故目前正為感情婚姻的問題而困擾。

辛卯　戊戌　甲辰　庚午

己亥3　庚子13　辛丑23　壬寅33　癸卯43　甲辰53

甲木日元生戌月，戊土司令，卯戌合，辰戌沖，身弱財官難任，大運庚子，子辰合，於辛亥年結婚，亥卯合木，大運辛丑，流年己未的丑未戌三刑離婚。

庚午　丙戌　甲寅　丁卯

己酉8　甲申18　癸未28　壬午38　辛巳48　庚辰58

甲木日元生戌月戊土司令，支見寅，午，戌三合火局，傷官洩重，庚金偏夫受剋不利夫婚，正夫辛金入墓（正夫不現，偏夫明現又重逢，非妾則寡），此命主於午運中，夫病逝。

十月甲木

甲子	丙子 5
乙亥	丁丑 15
甲子	戊寅 25
乙亥	己卯 35
	寅辰 45
	辛巳 55

甲木日元生亥月，壬水司令，水寒木凍，水多木漂，身強羊刃旺必奪財，故五歲戊辰流年，眾劫奪財，乃車禍身亡。

辛丑	庚子 5
己亥	辛丑 15
甲子	壬寅 25
丙寅	癸卯 35
	甲辰 45
	乙巳 55

甲木日元生亥月壬水司令，支全亥子丑北方水局，水寒木凍，取時干丙火照暖，初運行北方水地，自是不佳終落紅塵。

丙午 65

戊子　癸亥　甲寅　乙丑

甲子 7　乙丑 17　丙寅 27　丁卯 37　戊辰 47　己巳 57

甲木日元生亥月壬水司令，支全亥子丑，取戊土止水，喜大生土，命中財星多合，故娶雙妻。

丁亥　辛亥　甲午　己巳

庚戌 2　己酉 12　戊甲 22　丁未 32　丙午 42　乙巳 52

甲木日元生亥月，戊土司令，喜火土，財星合，娶雙妻，事業心重，丙午運後，將如日出東方般的燦爛。

十一月甲木

癸巳　癸亥5
甲子　壬戌15
甲辰　辛酉25
戊辰　庚申35
　　　己未45
　　　戊午55

甲木日元生子月，癸水司令，子辰又合水，水寒木凍，取年支巳中丙火為用，惜子巳破又癸水蓋頭，（喜用不可傷喜用一傷命不長），喜用有傷，非殘則夭，於酉運中合住巳火，三十一歲癸亥，亥亦沖巳火，用神傷盡，故當年身亡。

甲午　丁丑9
丙子　戊吟19
甲辰　己卯29
丁卯　庚辰39
　　　辛巳49
　　　壬午59

甲木日元生子月，壬水司令，子辰合，子午沖，辰卯穿，傷官多者情慾重，子午卯皆桃花，大運己卯桃花逢刑，逢破，故婚姻不美。

乙酉	丁亥	3
戊子	丙戌	13
甲寅	乙酉	23
戊辰	甲申	33
	癸未	43
	壬午	53

甲木日元生子月，壬水司令，命局寒凝，最喜丙火照暖，戊土財星雖通根有氣，但乙木亦透干剋木，大運甲申甲乙，木剋土，申子辰財亦化印，且申寅夫妻宮沖，故兩度婚姻。

十二月甲木

丙寅	庚子	9
辛丑	己亥	19
甲子	戊戌	29
丁卯	丁酉	39
	丙申	49
	乙未	59

甲木日元生丑月，己土司令，日時子卯刑破，辛金正官被丙丁克制，於戊戌運方得良緣，以大運丙及丁連剋二夫。

乙亥	戊子 3
己丑	丁亥 13
甲午	丙戌 23
丁卯	乙有 33
	甲申 43
	癸未 53

甲木日元生丑月，癸水司令，午丑六害，午卯破，冬木最喜丁火，然四柱皆陰，故為人善於心機，為智慧型的犯罪者。

正月乙木

己亥	丁卯 8
丙寅	戊辰 18
乙丑	己巳 28
丙戌	庚午 38
	辛未 48
	壬申 58

乙木日元生寅月，甲木司令，寅亥合，日時丑戌刑，丙火傷官雙透，夫星正官不現，辛金偏夫逢刑，婚姻總是難圓，用神亥水被合，且無金來生水，命格欠佳，大運己巳結婚，因與夫宮丑土合金，但不久便離婚，除丑戌之刑外，又與亥沖，寅刑，故才有此應。

丙申	己丑5
庚寅	戊子15
乙卯	丁亥25
丙子	丙戌35
	乙有45
	甲申55

乙木日元，生寅月，丙火司令，丙火傷官雙透，月干之庚金，正官夫星被剋，且年支申金亦與寅沖，又夫宮之卯又與時支子水刑，夫星傷，夫宮刑，自不利婚姻，故與人通姦又與人同居，多夫命，行運走土化火金之剋最好。

壬辰	辛丑2
壬寅	庚子12
乙酉	己亥22
丁亥	戊戌32
	丁酉42
	丙申52

乙木日元生寅月，戊土司令，正財格，寅木為日元乙木之劫財，春月木旺水多木漂，非戊土不能築堤，戊土司令真神得用，可為富格，惜洩氣於酉金，欲生戊土之丁火被天干雙壬所制，自顧不暇，夫宮酉金為桃花，月支寅木為驛馬，桃花逢驛馬，到處留情，大運二十七在己亥，為寅亥驛馬逢合，流年戊午為紅艷，又與驛馬合與他人有外情。

癸卯	乙卯 9
甲寅	丙辰 19
乙巳	丁巳 29
庚辰	戊午 39
	己未 49
	庚申 59

乙木日元生寅月，甲木司令，支見寅卯木局，身強喜制喜洩，取庚金正官夫星為用，但春金制木之力微，且夫宮寅巳刑大運逢丙，丁巳，食傷剋夫星，故結婚後，又與人同居。

二月乙木

己丑	戊辰 4
丁卯	己巳 14
乙卯	庚午 24
乙酉	辛未 34
	壬申 44
	癸酉 54

乙木日元生卯月，乙木司令，木氣有四，日元不弱，財星有丁火生助，又有酉金七殺護衛，故財運佳，因才又生殺，故夫為企業家。

辛卯　壬辰 1
辛卯　癸四 11
乙亥　甲午 21
己卯　乙未 31
　　　丙申 41
　　　丁酉 51

乙木日元生卯月，乙木司令，曲直見金破格，用金修裁則殺坐絕地，用之無力格不高，故此必喜火土，此命夫宮合，又伏吟，運走傷官，自不利婚姻（正夫不見，偏夫明現又重逢，非妾則寡）為一妓女。

甲午　丙寅 9
丁卯　子丑 19
乙酉　甲子 29
丙子　癸亥 39
　　　壬戌 49
　　　辛酉 59

乙木日元生卯月，乙木司令，雖午卯破，卯酉沖，幸有子水生，日元不弱，但提綱沖破總是不佳，此造傷官旺極地支逢子午卯酉，四桃花煞全，婚姻難美，故至今未婚。

三月乙木

癸巳　丙辰　乙未　己卯

丁巳 4　戊午 14　己未 24　庚申 34　辛酉 44　壬戌 54

乙木日元生辰月，癸水司令，日祿歸時，身強火土亦旺，此造若非癸水司令，格局差矣，否則前三運走南方火，焉得大學畢業，服務外國銀行呢？夫星不顯，晚婚宜矣。

壬午　甲辰　乙巳　庚辰

乙巳 5　丙午 15　丁未 25　戊申 35　己酉 45　庚戌 55

乙木日元生辰月，戊土司令，火土旺，取印為用，惜大運一路火土，若乙木或癸水司令，則日元論旺，大學畢業，經營公司，身弱財旺，經營較不易。

庚寅　己卯 9
庚辰　戊寅 19
乙未　丁丑 29
丁亥　丙子 39
　　　乙亥 49
　　　甲戌 59

乙木日生辰月，乙木司令，亥未暗合卯木，正官雙透，年干庚金坐絕，且乙木、爭合庚金，夫宮又被外合，且丁火透時干剋金，婚緣必有變，二十一歲庚戌流年結婚，三十九丙火大運傷官剋正官，四十歲分居。

四月乙木

辛巳　壬辰 8
癸巳　辛卯 18
乙亥　庚寅 28
壬午　己丑 38
　　　戊子 48
　　　丁亥 58

乙木日生巳月，丙火司令，傷官洩之太過，喜水以生扶，可惜水火交戰太過，且辛金正官坐巳火為死地，故只小貴，曾為縣長，入戊子運水火交戰便流亡海外。

丁亥
乙巳
乙卯
戊寅

丙午 1
丁未 11
戊申 21
己酉 31
庚戌 41
辛亥 51

乙木日元巳月，丙火司令，傷官生財，惜夫藏且逢沖嫁人為妾，食傷生財可享現成。

壬辰
乙巳
乙亥
戊寅

丙午 3
丁未 13
戊申 23
己酉 33
庚戌 43
辛亥 53

乙木日元生己月，丙火司令，傷官生財，真神得用，且戊土正財坐長坐，故出生富貴之家，丁未大運，丁逢壬合故學業差，己逢偏財動得大利，本亥巳逢沖，幸逢寅亥合解沖，家才能富。

五月乙木

戊申　己未 2
戊午　庚申 12
乙亥　辛酉 22
庚辰　壬戌 32
　　　癸亥 42
　　　甲子 52

乙木日元生午月，丁火司令，全局財殺旺身弱，取亥水為用，己未大運午未合火逢流年丁巳，支全巳午未南方火局，弱水沖旺危矣，是年落水而亡。

戊申　己未 7
戊午　庚申 17
乙巳　辛酉 27
壬午　壬戌 37
　　　癸亥 47
　　　甲子 57

乙木日元生午月，丁火司令，全局火土燥熱，喜水生扶，申金遙隔生水無力，且年干雙透戊土剋壬，用神不可傷，用神一傷命不長，此造用神受傷，為非殘則夭，為一殘疾人士。

癸卯	丁巳	9
戊午	丙辰	19
乙巳	乙卯	29
己卯	甲寅	39
	癸丑	49
	壬子	59

乙木日元生五月，丁火司令，火土旺象，取癸水為用，惜戊癸合，用神傷矣，為非殘則夭之命造，因醫師打卡介苗不慎而制，雙腳嚴重萎縮（木主手腳），乙木至五月枯，故有此應甲寅，庚午，乙卯，丙子，乙木日元生午月，丁火司令，身強喜用財官，若再用火洩身，則成多頭馬車，無奈丙火出干剋破庚金用神，行至甲戌大運竟淪為乞丐，因地支寅午戌為金休囚之地。

六月乙木

甲午	壬申	1
辛未	癸酉	11
乙未	甲戌	21
戊寅	乙亥	31
	丙子	41
	丁丑	51

乙木日元生未月，己土司令，年上羊刃為長子，乙木為枯木必得水而興發，大運乙亥營商獲利佳，子運後當自求多福，學歷國小，因局中無水。

壬辰　丁未　乙丑　癸未

丙午 4　乙巳 14　甲辰 24　癸卯 34　壬寅 44　辛丑 54

乙木日緣生未月，丁火司令，丑未雙沖，夫宮逢沖，正官不現，辛金偏夫，藏且逢沖，婚姻自是不美，取印為用，癸水生逢未月墓庫用神無力，大運乙巳，巳與夫宮丑合又流年十八己酉，三合結婚，婚後私生活不檢點。

七月乙木

丙戌　丙申　乙酉　丙戌

丁酉　戊戌　己亥　庚子　辛丑　壬寅

乙木日元生申月，庚金司令，支見申酉戌金局殺重，照干透三丙火旺，為火金交戰，命中不見滴水，元神弱而無依，為一貧殘之命。

戊子　辛酉4
庚申　壬戌14
乙酉　癸亥24
甲申　甲子34
　　　乙丑44
　　　丙寅54

乙木日元生申月，庚金司令，氣勢漸寒，大運戊辰，流年四十戊辰開刀，為戊己，與壬癸交戰用神傷之故。

八月乙木

甲午　甲戌2
癸酉　乙亥12
乙未　丙子22
丁丑　丁丑32
　　　戊寅42
　　　丁丑52

乙木生酉月，辛金司令，以印為殺，乙木見甲，逢水生，為藤蘿繫甲可秋可冬，可惜丁火被癸水所傷，否則食傷配印或食神駕殺，皆能大貴，大運戊寅，戊土洩丁火食神之氣不吉，寅運之後或可再起，此為某前立委之造。

壬寅 戊申9
己酉 丁未19
乙亥 丙午29
丁丑 乙巳39
甲辰49
癸卯59

乙木日元生酉月，辛金司令，財殺旺，喜印化殺，亦喜丁火透出洩秀，可惜丁火被己土所洩，無力制官殺，女命正官不顯，偏夫藏地支，大運又一路南方食傷火地故至今未婚。

庚辰 丙戌11
乙酉 丁亥21
乙卯 戊子31
戊寅 己丑41
庚寅51
辛卯61

乙木日元生酉月，庚金司令，支見寅卯辰木局，但天干乙庚合金，地支辰酉亦合金，形成金木交戰且卯酉也沖，無水化解為一跛子。

四柱	大運	歲
己卯	壬申	7
癸酉	辛未	17
乙丑	庚午	27
戊子	己巳	37
	戊辰	47
	丁卯	57

乙木日元生酉月，辛金司令，卯酉沖丑酉合，子丑合，財殺強，以印化殺，月干癸水，被年時戊己土緊貼相剋，而子水亦被丑合，喜用皆傷，非殘則夭，四十九歲丁卯年在大運戊辰中病死。

九月乙木

四柱	大運	歲
己丑	乙亥	7
甲戌	丙子	17
乙酉	丁丑	27
壬辰	戊寅	37
	己卯	47
	庚辰	57

乙木日元生戌月，戊土司令，丑戌刑，辰酉合，甲己合，為土埋金之象，用癸喜甲，可惜有壬無癸，且甲木貪合，酉金被埋，似有若無，故早年喪偶，身體亦欠安。

丙戌　丁酉 4
戊戌　丙申 14
乙丑　乙未 24
丙戌　甲午 34
　　　癸巳 44
　　　壬辰 54

乙木日元生戌月，辛金司令，丑戌刑剋太重，而且土厚金埋，干透雙丙，辛金入墓，且逢丙剋合，故淪落風塵，於辛未流年被倒數佰萬（女命夫星不現，透財逢劫煙花命），運入甲乙落紅塵。

庚辰　丁亥 4
丙戌　戊子 14
乙巳　己丑 24
己卯　庚寅 34
　　　辛卯 44
　　　壬辰 54

乙木日元生戌月，辛金司令，丙庚剋，辰戌沖，火土旺，無水以滋長，土沖胃腸不佳，缺水腎不佳，有女無子。

十月乙木

乙未　丙戌2
丁亥　乙有12
乙亥　甲申22
壬午　癸未32
　　　壬午42
　　　辛巳52

乙木日元生亥月，戊土司令，未亥拱卯木，水寒木凍最喜丁火透干，唯壬水能剋合丁火，若非戊土司令為救應之神，其命非殘則夭，此造卻為一國代命，因戊土救丁之故。

己卯　甲戌10
乙亥　癸有20
乙丑　壬申30
壬午　辛未40
　　　庚午50
　　　己巳60

乙木日元生亥月，壬水司令，水寒木凍，取火調候兼生土氣，惜日時午丑破，年干己土偏財，又遭剋，午中丁火無救應之神，且妻宮辛金洩土，去生水，故妻惡行惡狀，讓人難忍。

十一月乙木

四柱	大運
己亥	乙亥 1
丙子	甲戌 11
乙丑	癸酉 21
壬午	壬申 31
	辛未 41
	庚午 51

乙木日元生子月，壬水司令，支見亥子丑北方水，取己土制水，惜如泥入海，再取丙火生土，卻被壬水制伏，地支午火被北方所滅，全局無救應之神，喜用皆傷，非殘則夭，此造剋妻無子，於壬申大運夭亡。

四柱	大運
丙子	辛丑 6
庚子	壬寅 16
乙亥	癸卯 26
戊寅	甲辰 36
	乙巳 46
	丙午 56

乙木日元生子月，癸水司令，水寒木凍，取土止水，被庚金所洩，幸喜丙火剋金，生土，可惜丙戊遙隔，未有大作為，但祖蔭豐，遺產值數仟萬，且越老運越好。

時	日	月	年
甲申	乙卯	庚子	辛未

己亥 7	戊戌 17	丁酉 27	丙申 37	乙未 47	甲午 57

乙木日元生子月，癸水司令，未子穿，子卯刑，一點財氣皆盡洩於金，局中不見一點火氣，故至今未婚，且於未運中遭一婦人用仙人跳設計，弄得一無所有，現只靠兄弟生活。

十二月乙木

時	日	月	年
癸未	乙巳	乙丑	戊申

丙寅 2	丁卯 12	戊辰 22	己巳 32	庚午 42	辛未 52

乙木日元生丑月，己土司令，丑巳拱酉合金，巳未夾午拱火，金水陰寒喜火土，妻宮用神合化忌神，辰運申辰拱子破巳而巳運與丑爭合，與申刑合，身強財逢羊刃破財血光，故己運亦不佳，至今未婚，或待午運，良緣可自來。

戊寅　丙寅4
乙丑　丁卯14
乙丑　戊辰24
丁亥　己巳34
　　　庚午44
　　　辛未54

乙木日元生丑月，己土司令，土寒木凍，最喜丁火透干，月，日伏吟，於午運中流年成辰突然中風，因午與丑六害，辰丑亦破，財庫破，故有此應。

正月丙火

丁巳　癸卯9
壬寅　甲辰19
丙申　乙巳29
丙申　丙午39
　　　丁未49
　　　戊午59

丙火日元生寅月，戊土司令，支見寅巳申三刑全，身強正官不見，七殺透干遭剋合，婚姻不美，已二次婚姻，於大運甲辰結婚，離後再結。

丙寅	辛卯8
庚寅	壬辰18
丙戌	癸巳28
乙未	甲午38
	乙未48
	丙申58

丙火日元生寅月，戊土司令，寅戌拱午火，未見戌刑，丙庚剋，偏財逢劫，於丁卯流年二歲，其父逝，母再嫁（身強印重，隨母而嫁）。

癸未	乙卯9
甲寅	丙辰19
丙申	丁巳29
甲午	戊午39
	己未49
	庚申59

丙火日元生寅月，戊土司令，取財破印為用，惜寅申沖，用神有傷，大運丁巳，形成己寅申三刑，於庚申年離婚，格局結構不佳，雖戊土司令，欲生申金，無奈甲木蓋頭剋下，申中庚金欲制甲救戊，惜午中丁火剋死庚金，故才有此應。

二月丙火

丙申　庚寅　7
辛卯　己丑　17
丙戌　戊子　27
戊戌　丁亥　37
　　　丙戌　47
　　　乙酉　57

丙火日元生卯月，乙木司令，卯戌合火，日元不弱，但三土洩火，唯賴辛金導氣以生水，惜丙辛一合，前功盡棄，夫星隱而不顯，婚姻自是無期。

癸巳　丙辰　7
乙卯　丁巳　17
丙寅　戊午　27
癸巳　己未　37
　　　庚申　47
　　　辛酉　57

丙火日元生卯月，乙木司令，夫宮寅巳刑，身旺喜官，癸水虛露兩顯，無金生滋，夫緣不顯。

甲辰
丁卯
丙寅
己丑

丙寅 5
乙丑 15
甲子 25
癸亥 35
壬戌 45
辛酉 55

丙火日元生卯月，乙木司令，支全寅卯辰東方木局，木火兩旺，夫星不顯，寅中紅艷逢合時柱傷官洩秀，不利婚姻，於乙丑運乙丑流年結婚，危機已伏，二十六後己巳，刑剋夫宮，與夫離婚。

癸巳
乙卯
丙辰
辛卯

丙辰 11
丁巳 21
戊午 31
己未 41
庚申 51
辛酉 61

丙火日員生卯月，甲木司令，夫宮卯辰穿破，癸水正官盡洩於木，生水辛金坐絕，且與日合，貪合忘生，五十之前皆行食傷逢，自是不利婚緣，竟嫁一大他三十二歲老先生為妾。

三月丙火

年	月	日	時
丁酉	甲辰	丙子	甲午

乙巳	丙午	丁未	戊申	己酉	庚戌
1	11	21	31	41	51

丙火日元生辰月，戊土司令，辰酉合金，子辰合水入墓庫子午沖，夫星逢合逢神，恐婚緣難美，二十二歲戊午年成婚，子午沖，未子穿，恐有不祥之兆，果於二十四庚申年離婚，雖身子辰合卻把夫星合入墓庫，使身旺無制而生悲劇。

年	月	日	時
丁未	甲辰	丙午	癸巳

癸卯	壬寅	辛丑	庚子	己亥	戊戌
8	18	28	38	48	58

丙火日元生辰月，戊土司令，支全巳午未南火局，取戊土洩秀，卻被甲木蓋頭剋住，次取癸水制火，唯無金生發水源，且水盡洩於木，又被火局所熬乾，竟至眼睛失明。

甲午　己巳7
戊辰　庚午17
丙辰　辛未27
壬辰　壬申37
　　　癸酉47
　　　甲戌57

丙火日元生辰月，戊土司令，剋洩太重，且出生即得小兒麻痺，現在以看命為生也未婚，因三辰伏吟。

丙申　辛卯2
壬辰　庚寅12
丙午　己丑22
己亥　戊子32
　　　丁亥42
　　　丙戌52

丙火日元生辰月，乙木司令，日元坐強根，得木生扶，不可謂弱，壬水透出月干為七殺，得申辰之合助，又通根在時支亥水，殺刃兩旺，得時干己土，透出制伏壬水，可惜被年支申金洩氣，命主於子運中，夫在外有第三者，且已同居多年，至今未回。

四月丙火

壬寅　乙巳　丙辰　戊戌

甲辰 5　癸卯 15　壬寅 25　辛丑 35　庚子 45　己亥 55

丙火日元生巳月，庚金司令，日元建祿，夫宮辰戌逢沖，正官藏而偏官露，喜壬水潤澤，但水根逢沖且壬水又坐病位，而寅巳又刑，刑沖太重，故命主已離過婚。

己酉　己巳　丙申　己亥

庚午 6　辛未 16　壬申 26　癸酉 36　甲戌 46　乙亥 56

丙火日元生巳月，丙火司令，建祿，最喜財官，然巳酉合金，巳申刑合水，申亥穿破，地支多變，女命傷官重，自是不利婚姻，身弱無印，食傷無制，現與有婦之夫同居。

四柱	大運
辛卯	甲午 8
癸巳	乙未 18
丙辰	丙申 28
辛卯	丁酉 38
	戊戌 48
	己亥 58

丙火日元生巳月，庚金司令，夫官卯辰穿破，癸水官星得辛金生助，惜辛金坐絕，欲助乏力，日元強，流年財逢劫刃不破財，即血光，官司，命主於丙運被倒二仟多萬，且正與中年男子同居。

四柱	大運
辛卯	甲午 2
癸巳	乙未 12
丙子	丙申 22
辛卯	丁酉 32
	戊戌 42
	己亥 52

丙子日元生巳月，丙火司令，夫宮子巳破，子卯刑，透財大運丙，丁，落風塵，現為酒家女。

丙戌
癸巳
丙申
丙申

壬辰6　辛卯16　庚寅26　己丑36　戊子46　丁亥56

丙火日元生巳月，丙火司令，身強喜財官，夫宮巳申見刑合，夫子二宮重見伏吟，至寅運逢支全寅巳申三刑物，流年己未見未戌刑離婚，日支坐偏財，得夫蔭，從夫處得一筆贍養費。

五月丙火

丁未
丙午
丙寅
癸巳

乙巳9　甲辰19　癸卯29　壬寅39　辛丑49　癸子59

丙火日元生午月，丁火司令，支見巳午未南火局，炎上成局，時上癸水，欲強出頭，殊不知一點滴水入洪爐，非但不能制水，反激怒旺火，必招殺身之禍，不可不知，此造命主，終日與黑道為伍，終染上毒癮，更以經營賭場及販賣毒維生，亦曾被判刑，此因用神無力之故。

丙子　癸巳 3
甲午　壬辰 13
丙寅　辛卯 23
己丑　庚寅 33
　　　己丑 43
　　　戊子 53

丙火日元生午月，丙火司令，寅午合火，日坐偏印，且子午逢沖，夫宮及夫星受傷，時坐己丑傷官，婚姻總是不美，大運庚辛財逢羊刃，為兄弟付出，而耽誤婚姻，至今未婚。

辛未　癸巳 6
甲午　壬辰 16
丙申　辛卯 26
戊戌　庚寅 36
　　　己丑 46
　　　戊子 56

丙火日元生五月，丁火司令，午未合火，最喜戊土洩秀，但年上辛金，通根於日支申金，洩土過重，於寅運時合午戌並沖申金，去病神而生官，於子運中生禍，因申子合水，去沖怒旺火，故禍至。

六月丙火

四柱	大運
庚寅	壬午 8
癸未	辛巳 18
丙寅	庚辰 28
癸巳	己卯 38
	戊寅 48
	丁丑 58

丙火日元生未月，己土司令，曰祿歸時，巳未夾午，寅巳刑，夫宮有傷，木火兩旺，最喜金水，然己土司令，剋制癸水雖辛庚金出金出干化土乙生水，但庚金坐絕癸水亦入墓，日元坐印星，婚姻不美，此命主雙次婚姻，只因用神無力。

四柱	大運
戊子	戊午 2
己未	丁巳 12
丙申	丙辰 22
乙未	乙卯 32
	甲寅 42
	癸丑 52

丙火日元生未月丁火司令，未子穿破子中癸水傷矣，全局食傷洩重，取時干乙木生扶，六月乙木乾枯，欲振乏力，雖傷官配印，智慧高，亦難逃多次婚姻的命運。

庚辰	甲申	3
癸未	乙酉	13
丙子	丙戌	23
辛卯	丁亥	33
	戊子	43
	己丑	53

丙火日元未月，己土司令，日元臨衰，未子穿，子卯刑，全局剋洩到齊來，唯賴卯木生扶，大運丙戌因主演猛龍過江一片成名，名揚中外，但丁亥大運流年癸丑，支全亥子丑北方水局並且與用神卯合亥卯未三合木，用神被合入墓庫，反不能生身，故惹凶禍而意外身亡，丙子運辛卯性慾強而好淫。

七月丙火

壬辰	丁未	11
戊申	丙午	21
丙辰	乙巳	31
癸巳	甲辰	41
	癸卯	51
	壬寅	61

丙火日元生申月，庚金司令，申辰拱子水，干透壬癸，喜戊土食神制之，雖丙火得祿於巳，無奈日元太弱不能任官財，重婚。

丙戌　丁酉9
丙申　戊戌19
丙子　己亥29
丁酉　庚子39
　　　辛丑49
　　　壬寅59

丙火日元生申月，戊土司令，支全申酉戌，申子又合水，雖天干火多，但盡洩於土金，須用印無印，缺責任心，財旺逢會逢合，取雙妻，驛馬逢會逢合，一生奔走。

己丑　辛未2
壬申　庚午12
庚子　己巳22
乙未　戊辰32
　　　丁卯42
　　　丙寅52

丙火日元生申月戊土司令，申子合水，未子穿，土多洩氣重，取乙木為用，惜戊土司令且七月乙木為休囚，剋住壬水，使水不生木大運在辰為申子辰三合水，水入墓庫不能生木，流年三十八丙寅，天干壬丙剋，寅沖提綱故於工作中跌倒死亡。

八月丙火

丁巳　戊申 2
己酉　丁未 12
丙辰　丙午 22
壬辰　乙巳 32
　　　甲辰 42
　　　癸卯 52
　　　壬寅 62

丙火日元生酉月，庚金司令，巳酉合金，命局無印，時上一位貴人，從兒喜見兒，庚金司令，真神得用，貴上加貴，此為菲國領袖，後流亡海外，入寅大運，日元有氣，借屍還魂故有此應。

丁亥　庚戌 5
己酉　辛亥 15
丙午　壬子 25
庚寅　癸丑 35
　　　甲寅 45

丙火日元生酉月，辛金司令，日元坐午，年透丁火，日時寅午合火，氣勢不弱，傷官洩透生財，看似不錯，然夫宮午火破酉金，時上庚金坐絕（所謂正夫不明，偏夫重逢定為妾），大運一路北方水，故嫁為人妾。

辛巳　丙申3
丁酉　乙未13
丙寅　甲午23
壬辰　癸巳33
　　　壬辰43
　　　辛卯53

乙卯55

丙火日元生酉月，庚辛司令，日元得丁巳寅之助不弱，但丁被壬合，巳遭酉合，巳寅刑，日元雖旺亦弱，庚金偏財司令雖強不強，年上辛金，被丁火剋，酉與巳合，大運壬辰流年丁卯，支成寅卯辰木局天干雙丁雙壬互相牽制，而地支金木亦交戰，故該年命主妻病亡。

丙午　戊戌6
丁酉　己亥16
丙戌　庚子26
己丑　辛丑36
　　　壬寅46
　　　癸卯56

丙火日元生酉月，辛金司令，午酉破，酉戌害，丑戌刑，太太在命主辛丑運之癸未流年再度流產，因地支形成丑未戌三刑，身弱印作兒，身財為子，財被剋破，且子息宮逢刑，欲得子難。

九月丙火

壬辰	辛亥8
庚戌	壬子18
丙申	癸丑28
庚寅	甲寅38
	乙卯48
	丙辰58

丙火日元生戌月，辛金司令，全局土金重，用印生扶，地支辰戌沖，寅申沖，戰剋不寧，此造身弱，妻宮財逢沖，有過一次失敗婚姻後再娶，身弱印作兒，子宮寅木印逢沖剋，有一子七歲夭亡，甲寅大運曾獲大利，後又賠光因局中沖剋太重之故。

癸卯	癸亥2
壬戌	甲子12
丙戌	乙丑22
戊戌	丙寅32
	丁卯42
	戊辰52

丙火日元生戌月，辛金司令，卯戌合火，食傷重，官殺混雜，時干戊土食神透出剋官殺，財星藏入墓庫，地之三戌伏吟故命主數度婚姻。

十月丙火

庚辰　戊子10
丁亥　己丑20
丙辰　庚寅30
己亥　辛卯40
　　　壬辰50
　　　癸巳60

丙火日元生亥月，甲木司令，全局土金水重，於辛卯大運流年辛酉四十一歲遭人意外毆打死亡，因身弱不堪生扶，亥卯雖欲合木生日元，卻逢酉金剋絕，故有此應也。

丙戌　庚子4
己亥　辛丑14
丙午　壬寅24
丁酉　癸卯34
　　　甲辰44
　　　己巳54

丙火日元生亥月，壬水司令，身旺喜財官，時支酉金被日支午火所破，運走東南木火之地，竟淪為乞丐，豈非運也，命也。

辛巳	戊戌	10
己亥	丁酉	20
丙戌	丙申	30
戊戌	乙未	40
	甲午	50
	癸巳	60

丙火日元生亥月，壬水司令，亥巳沖，假傷官格，可惜食傷太旺，慾望重，好勝心強，故好參選，曾當過市議員大運在申，流年戊午競選國代敗北，因午戌合火，日元借屍還魂故不吉。

十一月丙火

丙辰	辛丑	2
庚子	壬寅	12
丙午	癸卯	22
甲午	甲辰	32
	己巳	42
	丙午	52

丙火日元生子月，癸水司令，子辰合水，子午沖，日時伏吟身強喜財官，可惜月干庚金偏財遭年干丙火剋死，故正妻死後，又與數名寡婦同居，最後把所得遺產耗盡，染肝癌等死，此造最嚴重的致命點在偏財無根又逢劫奪，男命正財不現偏財逢羊刃，妻必早逝。

戊申　甲子　丙子　己丑

癸亥 9　壬戌 19　辛酉 29　庚申 39　己未 49　戊午 59

丙火日元生子月，癸水司令，申子合水，子丑合土，全局傷重取甲木偏印為用，惜甲己合，日之生扶無力，因而至今未婚，用神亦可為夫，命主庚申，辛酉，為財損命，焉得良緣。

庚辰　丙子　丙申　辛卯

丁丑 7　戊寅 17　己卯 27　庚辰 37　辛巳 47　壬午 57

丙火日元生子月，癸水司令，支全申子辰水局，端賴戊土止水，惜柱中不見唯取時支卯木生火，但被緊剋，用神力微，喜其大運路東南為一醫生之造。

壬申	壬子	丙子	己亥

癸丑 4
甲寅 14
乙卯 24
丙辰 34
丁巳 44
戊午 54

丙火日元生子月，癸水司令，己土傷官制癸水，故不可論從此造命主只出生二個多月即離開這個世界，只因身弱，不堪扶，且壬子納音木，而壬申納音金，木逢金剋，如何存活。

十二月丙火

乙亥	己丑	丙申	庚寅

戊子 4
丁亥 14
丙戌 24
己酉 34
甲申 44
癸未 54

丙火日生丑月，癸水司令，取乙木生扶，因為妻宮財星逢沖，雖曾任院轄市長，至卸任時亦未婚幸大運天干皆為木火，且司令之神為癸水，若司令為辛金，則貴氣損矣。

戊子　甲子 1
乙丑　癸亥 11
丙申　壬戌 21
壬辰　辛酉 31
　　　庚申 41
　　　己未 51

丙火日元生丑月，癸水司令，支全申子辰水局，且子丑合土，時又透壬殺，取乙木為用，大運一路金水，元神弱極，無奈走入燈紅酒綠，淪為酒家女，本欲取戊土制水，卻被乙木印剋，而大運干頭皆金水，濕木焉得生火。

正月丁火

癸未　乙卯 3
甲寅　丙辰 13
丁巳　丁巳 23
丙午　戊午 33
　　　己未 43
　　　庚申 53

丁火日元生寅月，甲木司令，支全巳午未火局，癸水透出干，假炎上格，己寅刑，夫官有傷，行傷官運夫亡。

庚申　丁丑 4
戊寅　庚子 14
丁巳　乙亥 24
甲辰　甲戌 34
　　　癸酉 44
　　　壬申 54

丁火日元生寅月，丙火司令，日元本當論強，無奈申金沖寅木，寅木又與巳火刑，地支寅巳申三刑齊全，印星受傷，且土洩火去生金，金神旺，幸申辰拱水，可洩金以生甲木戊土欲制水，甲木出而制之，可惜庚金強出頭以剋甲使木受傷重矣，故此命主為一喜憨兒。

二月丁火

癸酉　甲寅 8
乙卯　癸丑 18
丁未　壬子 28
辛亥　辛亥 38
　　　庚戌 48
　　　己酉 58

丁火日元生卯月，甲木司令，酉卯沖，支全亥卯未，印被合入墓庫，不能生身，且月干乙木又被辛金剋死，幸有年干癸水出而救之，但金被水洩太重，必喜土以生之，命主於大運辛亥流年壬子，犯法坐牢，因水洩金太過矣。

四柱	大運
丙辰	壬辰 11
辛卯	癸巳 21
丁巳	甲午 31
丙午	乙未 41
	丙申 51
	丁酉 61

丁火日元生卯月，甲木司令，卯辰穿破，身強喜洩喜制，不見滴水，唯取年支辰土晦火，生金，惜被穿破，且年月，丙辛合，時干亦透出爭合，學歷不高，若經商易被合夥人奪其權益，戀愛也易有三角關係。

三月丁火

四柱	大運
癸未	乙卯 10
丙辰	甲寅 20
丁未	癸丑 30
戊申	壬子 40
	辛亥 50
	庚戌 60

丁火日元生辰月，戊土司令，食傷洩重，申辰合水，癸水透年干，七殺為貴，惜戊土出時干，剋之，幸有時支申金洩土得以救之，假從格，然大運從三十歲後一路金水，故貴為省主席。

丁酉　甲辰　丁丑　丙午

己巳2　戊午12　己未22　庚申32　辛酉42　壬戌52

丁火日元生辰月，戊土司令，酉辰合，辰丑破，丑午害，夫宮有傷，為食傷生財，但食傷有破害，欲生財而無力，全局不見滴水，制伏日元，己酉且癸水深藏重逢，非妾則寡，早年行運又不佳入風塵。

四月丁火

己亥　己巳　丁酉　戊申

戊辰3　丁卯13　丙寅23　乙丑33　甲子43　癸亥53

丁火生巳月，庚金司令，故食傷洩氣太重，亥巳沖，酉巳合，巳申刑，申亥穿，地支刑沖太過，不能論從，權取金導土氣，生水，以生木，惜亥中甲木用傷沖破，故出生後，因注射藥劑而致殘疾。

乙未　辛巳　丁丑　甲辰

壬午 8　癸未 18　甲申 28　乙酉 38　丙戌 48　丁亥 58

丁火日元生巳月，庚金司令，巳未拱午火，巳丑拱酉金，丑辰破，辛金透出月干剋去乙木，食傷洩重，取甲木生火，局中不見水源，故命主學歷僅國小，誠為可惜，先生為小公司老闆。

五月丁火

己卯　庚午　丁亥　壬寅

己巳 5　戊辰 15　丁卯 25　丙寅 35　乙丑 45　甲子 55

此造丁亥日元生午月，丁火司令。日時寅亥合木，建祿最喜財官，年干己土，洩火生月干庚金。庚金又生時干壬水。水源不絕。局成水火相濟，陰陽相協。雖丁壬合，但官來就我。自成貴格，此造命主歷任縣長、市長、內政部長等要職。

癸卯	己未 8
戊午	庚申 18
丁亥	辛酉 28
壬寅	壬戌 38
	癸亥 48
	甲子 58

此造命主，丁火日元生午月。己土司令。假建祿格。年月戊癸化合。日時寅亥合木。官殺混雜，卻因合化而轉清。

國中畢業後，北上工作，念夜間補校於高職畢業，二十七歲戊辰流年結婚，先生為一汽車烤漆廠老闆。大運一路走金水西北之地，可喜可賀。

六月丁火

庚申	甲申 5
癸未	乙酉 15
丁亥	丙戌 25
己酉	丁亥 35
	戊子 45
	己丑 55

丁火日元生未月，己土司令，亥未合，申亥穿，食神透制癸水七殺，日支亥未拱合卯木，為喜用，故娶妻妾，有五人，享齊人之福，但財旺損印，福分不全。

戊子　庚申 3
己未　辛酉 13
丁巳　壬戌 23
壬寅　癸亥 33
　　　甲子 43
　　　乙丑 53

丁火日元生未月，己土司令，未子穿，巳未拱夾午火，巳寅刑，丁火坐巳強根，年月戊己出干，故洩火氣重，甲木藏寅中，又與巳刑，欲制土乏力，雖有時干壬水生助，無奈被年月土所致，幸大運喜行水木之地，時上一位貴，掌大權，商場中人。

甲辰　庚午 11
辛未　己巳 21
丁亥　戊辰 31
甲辰　丁卯 41
　　　丙寅 51
　　　乙丑 61

丁火日元生未月，己土司令，亥未拱印合木，地之三土洩秀，最喜甲木生扶，官星逢合，化木，格局稍差些，此命主畢業於日本法政大學為法學良才，夫也是棟樑，大運木火佳美，若得水運更佳。

七月丁火

戊申 辛酉4
庚申 壬戌14
丁卯 癸亥24
己酉 甲子34
乙丑44
丙寅54

此造丁火日元生申月，庚金司令。全局氣勢聚於土金，局中一點丁火惟賴日支卯木生扶，但卯逢酉沖，火根盡拔，故應從財。故此命主出生家庭富裕，父親為銀行主管。

丙戌 丁酉9
丙申 戊戌19
丁巳 己亥29
庚戌 庚子39
辛丑49
壬寅59

此造丁火日元生申月，戊土司令。全局日元健旺，最喜財官，然而此造以高考及格，成為一高級土木工程師，家境富裕而不高官顯貴，只因戊土司令。而非壬水司令。因戊土洩火生金，若壬水則水可制火，而形成水火相濟，陰陽相協的貴格。

八月丁火

己未　壬申
癸酉　辛未
丁巳　庚午
丁未　己巳
　　　戊辰
　　　丁卯

丁火日元生酉月，庚金司令，巳酉合，巳未會局，火勢不弱，食神制殺，辛月支酉金財來滋弱殺，此造為民初總統。

辛丑　丙申 7
丁酉　乙未 17
丁未　甲午 27
辛丑　癸巳 37
　　　壬辰 47
　　　辛卯 57

丁火日元生酉月，辛金司令，丑酉合，丑未沖開墓庫一點丁火不可論從，一路行木大運，故成億萬富翁。

九月丁火

癸卯	癸亥 4
壬戌	甲子 14
丁未	乙丑 24
丙午	丙寅 34
	丁卯 44
	戊辰 54

丁火日元生戌月，戊土司令，卯戌合，未戌刑，午未合，官殺齊透，女命不宜，於子運中淪落風塵，子午卯酉成歡場名花，財源廣進，但夫宮有刑合，恐不利婚姻。

戊申	辛酉 9
壬戌	庚申 19
丁丑	己未 29
丁未	戊午 39
	丁巳 49
	丙辰 59

丁火日元生戌月，戊土司令，月上壬水正官被戊土所制，官被剋死，取申金生水，無奈夫宮丑戌刑，命主為一大陸來台女工，於未運中地支形成丑未戌三刑，故與夫離婚，自行來台打工維生養家。

十月丁火

己丑	甲戌10
乙亥	癸酉20
丁巳	壬申30
辛丑	辛未40
	庚午50
	己巳60

丁火日元生亥月，戊土司令，亥丑拱子，丑巳拱酉，身強喜財官，亥中壬水，正官被己土蓋頭剋住，幸得時干乙木透出剋土救水，惜被丑巳所拱之辛金所制，因此救應之神無力，其夫有外遇，於未運流年癸未，欲與夫辦離婚，因夫宮丑未沖之故。

十一月丁火

癸未	乙丑8
甲子	丙寅18
丁未	丁卯28
甲辰	戊辰38
	己巳48
	庚午58

丁火日元生子月，壬水司令，未穿住子水，取甲木生扶日元，地之三土食傷，喜干有甲木，能剋土獲癸水，於卯運，戊午流年成婚，卯與夫官未土合，而午亦與未合，此造能得博士學位，得天干甲木雙透護身，大運東南木火之賜，現任教授。

丙午	庚子	丁巳	庚子	
己亥7	戊戌17	丁酉27	丙申37	乙未47
甲午57				

丁火日元生子月，金水旺，年月沖剋，子沖午、子殘巳，火根拔矣，最宜用印，可惜不見明印。日元太弱，故二十一及二十二兩年皆連續開刀。之所以連續開刀，皆因沖剋太過也。

十二月丁火

丁卯	癸丑	丁亥	甲辰
甲寅2	乙卯12	丙辰22	丁巳32
戊午42	己未52		

丁火日元生丑月，己土司令，癸水出月干剋年干丁火，幸有甲木透出於時干生扶日元，丁火主心臟，癸水剋丁，甫出生就有先天性心臟病，幸喜大運一路木火，方可平安度過。

四柱	大運
己丑	戊寅 5
丁丑	己卯 15
丁巳	庚辰 25
甲辰	辛巳 35
	壬午 45
	癸未 55

丁火日元生丑月，己土司令，巳丑合，身強食傷重，局中不見夫星，食傷剋絕官殺取甲木制食傷為用，但巳丑拱酉，金剋甲木，格不高，故一直未婚。

四柱	大運
庚午	庚寅
己丑	辛卯
丁酉	壬辰
甲辰	癸巳
	甲午
	乙未

丁火日元生丑月，午丑破，癸水司令，支見辰酉合，食神生財，最喜甲木出干生扶日元，享長壽至五代同堂，得甲木之蔭，貴為行政院的部長級。

甲子	戊寅
丁丑	己卯
丁巳	庚辰
庚子	辛巳
	壬午
	癸未

丁火日元丑月，子丑合，巳丑合，子巳破，巳土司令，取甲木生扶日元，時庚剋甲，幸丁火出月干制庚金乙救甲，故貴為狀元。

正月戊土

庚寅	己卯	3
戊寅	庚辰	13
戊寅	辛巳	23
甲寅	壬午	33
	癸未	43
	甲申	53

戊土月元生寅月，甲木司令，地支四寅一氣，年干庚金食神欲出干制殺，無如臨絕之地，制之無力，幸日元自坐長生，不旺而旺，若丙火司令，必然更勝一籌，此為某黨國大老之命造。

丙戌	辛卯	3
庚寅	壬辰	13
戊午	癸巳	23
壬戌	甲午	33
	乙未	43
	丙申	53

戊土日元生寅月，甲木司令，地支全寅午戌火局，火土燥熱，最喜金水，惜庚金被丙火剋死，不能生水，壬水出干使局中不燥，此為母慈滅子格，此為某將軍命造。

丙寅	辛卯	10
庚寅	壬辰	20
戊辰	癸巳	30
庚申	甲午	40
	乙未	50
	丙申	60

戊土日元生寅月，戊土司令，寅辰拱卯，申辰拱子，金水求旺，取年上丙火制庚金生扶日元為用，為殺印相生格，亦可入食傷配印格皆為貴格，故此造貴為將軍。

二月戊土

壬子　壬寅2
癸卯　辛丑12
戊戌　庚子22
戊午　己亥32
　　　戊戌42
　　　丁酉52

戊土日元生卯月，甲木司令，子卯刑，卯戌合，午戌合，火土燥熱，喜水潤土，可惜戊土出干，財逢羊刃，須防破財失身，唯一乙木正官，藏於卯中，又被鎖入庫中，故至今未婚。

己卯　丙寅6
丁卯　乙丑16
戊午　甲子26
乙卯　癸亥36
　　　壬戌46
　　　辛酉56

戊土日元生卯月，乙木司令，地支三卯一午，午卯破，官印有傷，戊土高亢，喜甲木疏劈，乙木力微，只為中學主任，未能高升，只因甲木不出，日支坐午火為喜用，故妻助力大。

三月戊土

庚戌　辛巳10
庚辰　壬午20
戊午　癸未30
丙辰　甲申40
　　　乙酉50
　　　丙戌60

戊土日元生辰月，乙木司令，辰戌沖，沖則土散，但地支三土，自坐午火，生扶日元不弱，最喜年月庚金透出，可惜被時干丙剋死，所謂喜用不可傷，喜用一傷命不長，此為非殘則夭之造，命主於大運午中流年丁丑而亡，丑午破，丙丁，剋絕庚金故亡。

丙申　癸巳2
壬辰　甲午12
戊辰　乙未22
壬戌　丙申32
　　　丁酉42
　　　戊戌52

戊土日元生辰月，戊土司令，雖申辰合水，月時又透雙壬水，金水似重，然日時辰戌沖開火土，身亦旺，為身財兩停服務公家機關，小康，財雙透，故常在外與女人私混。

四月戊土

丙戌　甲午2
癸巳　乙未12
戊申　丙申22
丁巳　丁酉32
　　　戊戌42
　　　己亥52

戊土日元生巳月，丙火司令，戊癸化火為化氣格，癸水雖有申金欲生之，卻與巳刑合，且被丙丁剋死，故行火運大發，行酉金大敗，幾至喪命。

戊寅　戊午7
丁巳　己未17
戊申　庚申27
丁巳　辛酉37
　　　壬戌47
　　　癸亥57

戊土日元生巳月，庚金司令，火土燥熱，最喜金水，雖妻宮為喜用卻逢三刑，命中無財，發太過則損妻，此造命主於酉運中專做外銷加工成衣廠於辛酉壬戌流年大賺，老婆卻死掉。

五月戊土

戊申 己未10
戊午 庚申20
戊戌 辛酉30
乙卯 壬戌40
癸亥50
甲子60

戊土日元生午月，己土司令，日時卯戌合，火土旺象，取時干乙木為用，柱中無水，幸乙卯納音水，有助乙木，故可享高名，但即用木便不可再用金，年支申中庚金洩土反制木，不宜也，此造為抗日空戰英雄高志航，高氏十七歲運逢己未，支成卯未木局，考進陸軍官校，三十歲大運辛酉沖剋乙卯用神於流年丁丑而戰亡，丁火能洩乙木去轉生土，且地支丑戌亦刑。

庚戌 辛巳5
壬午 庚辰15
戊辰 己卯25
乙卯 戊寅35
丁丑45
丙子55

戊土日元生五月，丁火司令，午戌合，卯辰穿，辰戌沖，午破卯，取乙木正官為用，但被午中丁火洩去，官星無力，且年月庚壬虛浮力不實，運走卯地穿夫宮，欲覓良緣必待寅。

六月戊土

庚寅　壬午7
癸未　辛巳17
戊午　庚辰27
己未　己卯37
　　　戊寅47
　　　丁丑57

戊土日元生未月，己土司令，午未合火，寅午合火，火土燥熱，金水虛浮，財透干，逢羊刃，財被剋絕，夫宮坐印又爭合，夫緣薄於辛巳運庚戌流年結婚，支成巳午未，自是不吉，流年辛亥離婚。

戊戌　庚申
己未　辛酉
戊辰　壬戌
癸丑　癸亥
　　　甲子
　　　乙丑

戊土日元生未月，未戌刑，辰丑破，稼穡格，喜金水，可惜柱中不見一點金氣，生發癸水，所謂身旺無財，遁入空門，為一僧道命。

七月戊土

戊寅　己未3
庚申　戊午13
戊寅　丁巳23
庚申　丙辰33
　　　乙卯43
　　　甲寅53

戊土日元生申月，壬水司令，出者此造似乎棄命或食神制殺，但此中之機在壬水司令，可洩食神暗生殺，反制殺不成為賤，所謂形有，有形無形，見有，見無不見，戊土日元自坐寅木長生，丙中之火可以生扶，此造之所以不能大貴，因丙火暗藏，故只為一名電視製作人，才藝雖佳，婚姻不美，夫宮有沖動，二次婚姻。

壬辰　丁未9
戊申　丙午19
戊申　乙巳29
癸亥　甲辰39
　　　癸卯49
　　　壬寅59

戊土日元生申月，庚金司令，金水洩氣重，申辰拱子水，夫宮坐食神，自是不利婚姻，日元無氣論從兒，故出生富家，申亥穿，亥中甲木七殺被穿破，結婚半年，自殺二次，夫妻無感情。

八月戊土

甲辰	甲戌7
癸酉	乙亥17
戊午	丙子27
戊午	丁丑37
	戊寅47
	己卯57

戊土日元生酉月，庚金司令，初看似傷官生財，然細看，酉金生水，癸水生甲木，看似貴造，其實不然，因辰酉合，酉金被鎖入庫中，且午火破酉，而月干癸水又被時干戊土出而剋合，喜用皆傷，非殘則夭，焉有富貴之理，反之，若用戊土羊刃合財，再以日支午火破酉，洩甲木以生扶日元，殺印相生，焉得不貴，此為前高雄縣長之命造。

乙酉	甲申4
乙酉	癸未14
戊子	壬午24
丙辰	辛巳34
	庚辰44
	己卯54

戊土日元生酉月，庚金司令，食傷洩重，取丙火生扶，可惜被辰中戊土所洩，欲賴乙木生火，無奈乙木坐絕，取日支子水，化金生木，子水卻與辰合入庫中，致喜用無力，雖大學畢業，卻遲遲未婚，及至辛巳運癸亥財訂婚，但訂婚後不久即退婚，又與另一女子訂婚。

九月戊土

甲戌　乙亥 9
甲戌　丙子 19
戊午　丁丑 29
丙辰　戊寅 39
　　　己卯 49
　　　庚辰 59

戊土日元戌月，辛金司令，午戌合火，把丁火合入庫中，使丁火不傷辛金，借辰中戊土洩時干丙火，使不轉生日元，食傷配印，為億萬富翁，得祖蔭，娶三妻，日主合，辰中癸水，財與戊合，若非辛金司令，平凡之造，所謂食傷得用勝財官。

丁酉　己酉 6
庚戌　戊申 16
戊辰　丁未 26
辛酉　丙午 36
　　　乙巳 46
　　　甲辰 56

戊土日元生戌月，丁火司令，辰戌沖，辰酉合，傷官洩之太過，取丁火為用，惜丁火制金無力，妻宮逢沖逢合，在丙午運與元配離婚，不久又結婚，且在外面同時與多位女人同居，之所以如此，為妻宮紅艷坐守，逢沖又逢合之故。

十月戊土

癸酉	壬戌 8
癸亥	辛酉 18
戊子	庚申 28
丁巳	己未 38
	戊午 48
	丁巳 58

戊土日元生亥月，甲木司令，水狂土盪，喜甲木司令，洩水以生丁巳之火，又癸戊合，使水有所歸止，地支子巳破，巳亥沖，故早年貧困，至己未運大發，此造若非甲木司令，焉得能有此際遇而成富商。

壬辰	庚戌 8
辛亥	己酉 18
戊寅	戊申 28
甲寅	丁未 38
	丙午 48
	乙巳 58

戊土日元生亥月，壬水司令，寅亥合木，金水洩重氣較偏寒，甲木七殺可畏，辛金傷官欲制甲木而無力，因金氣洩於水，喜其日支自坐寅木長生，為一喜也，明印不現，殺星不化，福分薄些，故經人介紹相親嫁人坐繼室。

丙申　庚子 1
己亥　辛丑 11
戊申　壬寅 21
甲寅　癸卯 31
　　　甲辰 41
　　　己巳 51

戊土日元生亥月，壬水司令，申亥穿破，申寅沖剋洩盜齊至，取年上丙火為用，故而出身世家，妻宮逢穿逢沖，主多次婚姻，一生風流，曾與許多女人同居過，驛馬時柱逢沖，主一生多漂流。

十一月戊土

丙午　辛丑 10
庚子　壬寅 20
戊子　癸卯 30
壬子　甲辰 40
　　　乙巳 50
　　　丙午 60
　　　丁未 70

戊土日元生子月，癸水司令，三子伏吟子午沖，以年上丙火為用，惜火根午被子沖，時干壬水透出制丙，故雖得祖蔭，但至老一無所有，兄弟四人均早去世，因子午逢沖，午中羊刃拔矣，師範大學畢業，教過書，娶四個老婆，生四子，因戊與子中三癸合，故多妻，死於心臟病，（火主心臟大腦）。

壬辰	癸丑 10
壬子	甲寅 20
戊子	乙卯 30
癸丑	丙辰 40
	丁巳 50
	戊午 60

戊土日元生子月，壬水司令，子辰合，子丑合，水多土動盪，用神無力，非殘則夭，此造身體自小不佳，格局一片汪洋，於辰運中貧夭而亡。

十二月戊土

壬辰	甲寅 4
癸丑	乙卯 14
戊寅	丙辰 24
癸亥	丁巳 34
	戊午 44
	己未 54

戊土日元生丑月，己土司令，水勢猖狂，日元自坐長生，取寅中丙火為用，但寅亥一合，用神無力，妻宮用神坐守，妻賢有助，但財旺透干，且正偏齊透，為人風流，除元配外，始終都與小妾同居在外，又不須付小妾生活費，之所以有如此艷情，因妻宮為喜用之故。

辛丑	庚子 4
辛丑	己亥 14
戊戌	戊戌 24
癸丑	丁酉 34
	丙申 44
	乙未 54

戊土日元生丑月，辛金司令，三丑一戌，伏吟兼刑，可論稼穡格，亦可作食神生財格，但因局中缺印，故福不真，丁運後漸發，丙運最好，命中無印，故富而不貴。

正月己土

辛丑	己丑 5
庚寅	戊子 15
己卯	丁亥 25
癸酉	丙戌 35
	乙酉 45
	甲申 55

己土日元生寅月，丙火司令，干透金水，寅卯會辰，卯酉沖，金木交戰，幸有水以化之，然妻宮受沖，婚姻不穩，食傷生財，財又高透，食傷重之人好賭，好勝，慾望重，無明印生伏，福分薄，於丙戌運結婚，於乙酉運妻宮離婚，命主非但好賭，且也染上安毒，無印之人，意志不堅。

壬辰　辛丑 7
壬寅　庚子 17
己亥　己亥 27
乙丑　戊戌 37
　　　丁酉 47
　　　丙申 57

己土日元生寅月，甲木司令，時上乙木七殺又透干，形成官殺混雜，財殺旺，一片溼濘之象，寅辰拱卯，亥辰拱子，水木旺象，惜寅中丙火不出，且又被壬水蓋頭剋下，夫宮又左右合，果然離婚後再婚。

癸卯　癸丑 2
甲寅　壬子 12
己卯　辛亥 22
壬申　庚戌 32
　　　己酉 42
　　　戊申 52

己土日元生寅月，戊土司令，財殺雖旺，亦不能從，因戊土司令之故，但因全局木旺無制，又無明印化殺，故命主自幼多病，地支寅遭申沖，丙火用神傷矣，喜用受傷，非殘則夭，於壬子運流年丙辰病亡。

二月己土

癸卯　乙卯　己巳　戊辰

甲寅 8　癸丑 18　壬子 28　辛亥 38　庚戌 48　己酉 58

己土日元生卯月，乙木司令，財殺旺，取日支巳火為用，但大運一路與用神背道而行，故命主自小體弱多病，精神不堪負荷，竟精神崩潰，（火主辛腦），火受水沖剋之應。

甲午　丁卯　己卯　甲子

丙寅 7　乙丑 17　甲子 27　癸亥 37　壬戌 47　辛酉 57

己土日元生於卯月，乙木司令，官殺混雜，午卯破，卯子刑，雙卯伏吟，取丁火化殺，無奈遍地桃花，此為一舞女命造，夫宮伏吟刑破，難覓良緣。

庚辰	己卯	己卯	乙丑		
庚辰	辛巳	壬午	癸未	甲申	乙酉

己土日元生卯月，卯辰穿破，殺氣旺，官殺司令，取食傷制殺，所謂身弱印作兒，命中無印星，故終老無子。

三月己土

丁酉	甲辰	己未	辛未		
乙巳	丙午	丁未	戊申	己酉	庚戌
7	17	27	37	47	57

己土日元生辰月，戊土司令，酉辰合，身強獨官甲木，透出與日元己土合，夫宮未土雙見伏吟，柱中無水，取辰中癸水生木，與如辰酉合留原地，且丁火洩木，最不該辛金再透出，時干制伏甲木，官星無力，獨木難掌天矣，此造三十六歲前運走南方火氣洩木，故未婚，申運申辰拱子水，或有姻緣，但子與夫宮未穿破，縱有又奈何？

戊辰	丁卯10
戊辰	丙寅20
己卯	乙丑30
甲戌	甲子40
	癸亥50
	壬戌60

己土日元生於辰月，戊土司令，雙辰伏吟，卯辰穿，卯戌見合，甲己作合，不可論化，因甲得，卯辰之根，身強官星剋之無力，夫宮穿合太過，紅艷（辰）伏吟，穿破，現走子運與夫宮刑，故至今未婚。

四月己土

丁酉	丙午8
乙巳	丁未18
己丑	戊申28
丙寅	己酉38
	庚戌48
	辛亥58

己土日元生巳月，庚金司令，支全巳酉丑三合金局，食傷洩重，喜年時丙丁雙透生扶日元，然夫宮被合，且乙木七殺高透被旺食所制，正夫甲木藏於時支寅木之中，木無水轉化，又洩之於火，雖夫為留美醫學碩士，卻終日無所事事好逸惡勞，且大運又不生扶，入申運沖寅，夫星傷矣，故夫妻離婚。

癸酉　丁巳　己卯　甲戌

丙辰2　乙卯12　甲寅22　癸丑32　壬子42　辛亥52

己土日元生巳月，戊土司令，巳酉合，酉卯沖，戊戌合，火土旺象，最喜年上癸水出而丁火有制，使丁火不再生土，而時干甲木出而制戊土，使日元清純不雜，酉巳合，使丙辛合留原地，大運走東北水木，故貴至省長。

辛丑　癸巳　己丑　庚午

壬辰3　辛卯13　庚寅23　己丑33　戊子43　丁亥53　丙戌63

己土日元生巳月，戊土司令，丑巳拱酉金，午丑破，日元雖生四月火土旺象，但干透癸辛庚，金水洩氣重，最喜時落午火，何知其人壽，性定元氣厚，時中午火被丑破，幸巳丑合而得解，大運至乙酉，巳酉丑三合金局日元洩之太過，八十流年庚申，大運流年皆金也，故病逝。

乙酉 73

壬戌	乙巳	己未	癸酉

丙午 2　丁未 12　戊申 22　己酉 32　庚戌 42　辛亥 52

己土日元生巳月，庚火司令，巳未拱夾午火，火土燥熱，取乙木七殺為用，乙木四月為休囚，且洩水去生火，七殺無用也，最喜年時透壬癸潤局，又時支酉金，洩土生水，家境不錯，父為一上市公司之財務長，且得到台灣第一屆傑出營業經理人獎。

辛丑	癸巳	己酉	戊辰

壬辰 4　辛卯 14　庚寅 24　己丑 34　戊子 44　丁亥 54

己土日元生巳月，庚金司令，支全巳酉丑，金水洩氣重，取月柱巳中丙火為用，卻被合化，用神受傷非殘則夭，辛卯運中，癸亥流年農曆五月去釣魚，死於海中，卯酉沖，弱沖旺，亥巳沖，用神根拔。

五月己土

庚辰　癸未 8
壬午　甲申 18
己丑　乙酉 28
癸酉　丙戌 38
　　　丁亥 48
　　　戊子 58

己土日元生午月，己土司令，干透壬癸庚，日時丑有合金水，洩氣重，喜月令午火為用，可惜有印無官，貴氣不足，甲乙運逢庚剋，丙丁運逢壬癸剋，雖法律系畢業高材生，無奈運程不佳，徒呼奈何。

庚子　辛巳 6
壬午　庚辰 16
己卯　己卯 26
戊辰　戊寅 36
　　　丁丑 46
　　　丙子 56

己土日元生午月，丁火司令，子午沖，午卯破，卯辰穿，提綱午火逢沖，用神有傷，卯中乙木七殺逢穿破，正夫官星不出，子午卯滾浪桃花，辰中紅艷遭穿破，落紅塵惜夫星不現，偏夫重逢非妾則寡，此命主於辰運中與夫宮穿破，卯運偏夫重逢，故落風塵。

壬辰　丙午　己丑　庚午

丁未 9　戊申 19　己酉 29　庚戌 39　辛亥 49　壬子 59

己土日元生午月，己土司令，全局火土旺，取時干庚金為用，惜坐下午火休囚，用神無力，又被月干丙火所剋，幸賴年上壬水制丙護庚為用，又坐辰土，但財雖為喜，但妻宮卻有破，除家有老婆外，在外與其他女人同居，因酉為申子辰之桃花，故有外情。

己丑　庚午　己巳　戊辰

己巳 1　戊辰 11　丁卯 21　丙寅 31　乙丑 41　甲子 51

己土日元生午月，己土司令，丑巳拱酉，巳午會未，火土旺極，雖生五月，但全局皆火土，故可論假稼穡格，若以正格推論喜庚金洩秀，若用庚金洩秀，則丙丁兩運必差，焉得貴人扶持，而於丁運獲長上資助，開設貿易公司，此造婚姻不佳，比劫旺必剋妻，故婚姻不佳。

六月己土

丙申　甲午 8
乙未　癸巳 18
己丑　壬辰 28
甲子　辛卯 38
　　　庚寅 48
　　　己丑 58

己土日元生未月，己土司令，夫宮逢沖逢合，未丑沖，子丑合，年上丙火，化殺生扶日元，身強喜財官，此命造先殺後官，婚姻恐難如意，而十甲木正官與日主貪合忘剋，實女命之忌也，正偏重逢非妾則寡，此命造仍為人妾。

庚子　甲申 10
癸未　乙酉 20
己亥　丙戌 30
乙丑　丁亥 40
　　　戊子 50
　　　己丑 60

己土日元生未月，丁火司令，未子穿，亥未會合，亥子丑水局，水木旺而日元弱，取未中丁火為用，可惜被癸水蓋頭剋下，且亥未會局，未中丁火被合入庫中，用神不能生扶日元友遭凶，此造為一流氓命也。

辛未　乙未　己丑　丁卯

甲午 9　癸巳 19　壬辰 29　辛卯 39　庚寅 49　己丑 59　戊子 69

己土日元生未月，己土司令，雙未伏吟，丑未逢沖，火土旺日元強，取乙木七殺通強根卯未為用，卻被丁火所洩，卻又被辛所剋，則用殺，不如用辛金食神用而有力，用辛時上用火剋，幸丑未沖出癸水能護辛制丁，非但夫妻無損，反得賢妻之助，故運行庚辛，由市長轉至部長，己丑大運更官至院長。

癸未　己未　己卯　壬申

庚申 7　辛酉 17　壬戌 27　癸亥 37　甲子 47　乙丑 57

己土日元生未月，乙木司令，夫宮卯未合，身強喜財官，夫星被合入庫中，且年干癸水，被己土剋死，唯賴時支申金洩土生水，命主於亥運丁卯流年支會亥卯未合入墓庫之中，而不能制日元離婚。

七月己土

甲辰	癸酉 8
壬申	甲戌 18
己亥	乙亥 28
丁卯	丙子 38
	丁丑 48
	戊寅 58

己土日元生申月，壬水司令，申辰拱子，亥卯合木，金水木旺，取時干丁火為用，可惜月干壬水透出，本可用辰中戊土制壬，卻被甲木剋死，且申辰合水，戊土不存，用神傷非殘則夭，於亥運會卯剋身，之庚辰流年身辰合水，庚剋甲生壬剋丁車禍身亡。

庚寅	乙酉 10
甲身	丙戌 20
己卯	丁亥 30
癸酉	戊子 40
	己丑 50
	庚寅 60

己土日元生身月，戊土司令，年月庚剋甲，申沖寅，日時卯酉沖，官殺盡去，所謂傷官傷盡，此造正此意也，為從兒又見兒，得運大發，戊運合留癸水，故大發，己運剋去癸水，故大敗，丑庚二運將風雲再起，此造財富最多時，曾超過十億。

八月己土

癸巳	庚申 3
辛酉	己未 13
己巳	戊午 23
己巳	丁巳 33
	丙辰 43
	乙卯 53

己土日元生酉月，庚金司令，巳酉合金，金水雙透，日元得三火生扶，身強喜洩格局不差，可惜走背運，目前為小工程包商。

戊子	庚申 4
辛酉	己未 14
己酉	戊午 24
甲戌	丁巳 34
	丙辰 44
	乙卯 54

己土日元生酉月，辛金司令，酉戌拱申，時傷洩重，時上一位貴，與日元作合，與夫情意佳，食神辛金，出干制甲，喜時支戌中丁火制之，故子息必佳，又得年支子水，生扶官星，得運可嫁良夫，大運一路火土，果嫁富家，但夫宮為忌，其福享不久，現其夫得癌症。

丙寅　戊戌
丁酉　己亥
己丑　庚子
壬申　辛丑
　　　壬寅
　　　癸卯

己土日元生酉月，丑酉合金，年上丙丁，生扶日元，不寒不燥，氣勢中和，時上壬水，正財得根，使水火相濟，陰陽調和，官至宰相。

甲午　壬申9
癸酉　辛未19
己丑　庚午29
己巳　己巳39
　　　戊辰49
　　　丁卯59

己土日元生酉月，辛金司令，支見巳酉丑金局，秋土洩氣重，干透癸甲，剋洩盜齊來，最喜時干己土透出制癸，年支午火破酉生扶日元，此造命主高中學歷，父為鄉長，於未運戊午流年結婚，先生為貿易公司生，董事長，人生有此際遇因官印相生，此造為食傷配印格。

九月己土

壬辰　辛亥 6
庚戌　壬子 16
己未　癸丑 26
癸酉　甲寅 36
　　　乙卯 46
　　　丙辰 56

己土日元生戌月，丁火司令，地支辰戌未三刑，最喜傷官生財，生成富命，此為一富翁，命造，此造所以能富，為財星有氣。

辛丑　己亥 3
戊戌　庚子 13
己亥　辛丑 23
乙丑　壬寅 33
　　　癸卯 43
　　　甲辰 53

己土日元生戌月，戊土司令，雖時干乙木，偏夫欲出而制之，但月干戊土非甲木不能疏，乙木剋日元己土，主客易位，喧賓奪主，非但起不了作用，反被年干辛金所剋，全取日支亥中甲木為用，惜甲木不出，且九月金水進氣，氣勢轉涼，無火不溫，甚且亥丑拱子，戌中丁火逢丑刑，故命主僅為一製衣廠的女師父。

丙申	丁酉	8
戊戌	丙申	18
己巳	乙未	28
庚午	甲午	38
	癸巳	48
	壬辰	58

己土日元生戌月，戊土司令，火土旺象，幸喜時干庚金，傷官洩秀，可惜夫星不見，食傷重女命福不真，故命主行南方運時與先生離婚，不久又再嫁人。

戊申	辛酉	10
壬戌	庚申	20
己卯	己未	30
丁卯	戊午	40
	丁巳	50
	丙辰	60

己土日元生戌月，戊土司令，卯戌合火，年透戊土助身，時干丁火亦未生扶身強喜洩喜制，夫宮卯木七殺伏吟，又與戌合，本巳不吉，且壬水財星，又被戊土剋絕，年月身戌拱酉剋沖卯木，夫如何能存，故此造命主逢行南方支位與夫離婚，不久又再嫁人。

四柱	大運
丙午	己亥 10
戊戌	庚子 20
己丑	辛丑 30
庚午	壬寅 40
	癸卯 50
	甲辰 60

己土日元生戌月，辛金司令，午戌合，丑戌刑，火土旺，喜庚金洩秀，可惜坐休囚，且被年上丙火所剋，幸辛金司令，合住丙火，可惜不見財官，雖秀氣發越，卻只為一黨主席。

十月己土

四柱	大運
甲午	丙子 11
乙亥	丁丑 21
己巳	戊寅 31
己巳	己卯 41
	庚辰 51
	辛巳 61

己土日元生亥月，甲木司令，日主得時干己土助身，地支三火生扶身旺矣，本取甲乙木疏土，但木不疏土，反去生火，火去生日元，使元神更旺，所謂身旺無財恐為僧道，此造亥中壬水，被司令甲木所洩，且又逢沖，故命主於行卯運，連年辛未，遁入空門，削髮出家，因亥卯未，財被合入庫中也。

四柱	大運
丁未	庚戌 4
辛亥	己酉 14
己巳	戊申 24
乙亥	丁未 34
	丙午 44
	乙巳 54

己土日元生亥月，甲木司令，亥未拱卯，亥巳沖，巳未拱午，時干又透出乙木，七殺混局，本取月干辛金，出而制之，可論食神制殺，但因丁火透出於年干剋住辛金，轉為殺印相生之格，故貴為陸軍一級上將，若取食神制殺則因丁辛之剋而破矣。

四柱	大運
庚戌	丙戌 4
丁亥	乙酉 14
己亥	甲申 24
壬申	癸未 34
	壬午 44
	辛巳 54

己土日元生亥月，戊土司令，全水洩氣重，取月干丁火，制庚金生土，無如時干壬水強出頭降伏丁火，使用神受傷，非殘則夭，雖命主看似五官端正，而實為白痴之人。

庚子　戊子 11
丁亥　己丑 21
己亥　庚寅 31
乙亥　辛卯 41
　　　壬辰 51
　　　癸巳 61

己土日元生亥月，戊土司令，地支三亥一子，全水氣寒，取丁火為用，可惜坐下死絕，回天乏術，於丑運流年癸丑，三會水局，而結婚，妻凶悍，三十歲流年己巳沖妻官，而夫妻協議離婚。

十二月己土

戊子　乙丑 3
甲子　丙寅 13
己丑　丁卯 23
丁卯　戊辰 33
　　　己巳 43
　　　庚午 53

己土日元生子月，癸水司令，水冷土濕，月干甲木去年上戊土日元存清，亦能轉生丁火，可惜癸水亦能傷丁火，命局結構不佳，輾轉相攻，於辰運，乙丑流年歿。

辛巳　己亥8
庚子　戊戌18
己酉　丁酉28
戊辰　丙申38
　　　乙未48
　　　甲午58

己土日元生子月，癸水司令，金水洩身太過，意志薄弱，取年支巳火生扶日元為用，卻逢子水破局，妻宮辰酉合，為紅艷合，其為人用情不專，妻娘家富有，但體弱性剛，食傷重，好色風流情慾也重，除元配外，又與一有夫之婦暗通款曲。

十二月己土

乙丑　戊子9
己丑　丁亥19
己未　丙戌29
戊辰　乙酉39
　　　甲申49
　　　癸未59

己土日元生丑月，己土司令，地支四土，且己逢丑月，年透乙木可論假稼穡格，柱中無火格不高，局中午辛去乙木假神格不清，故一生庸碌無成，於癸運六十一歲乙丑流年去世，歲運丑未逢沖，且稼穡怕木歲運。

乙卯　庚寅 2
己丑　辛卯 12
己巳　壬辰 22
丁卯　癸巳 32
　　　甲午 42
　　　乙未 52

己土日元生丑月，己土司令，月日巳丑拱酉，年柱乙卯，得時支卯木相助，七殺旺，為剋洩齊來，取時上丁火為用，為殺印相生格，其夫為億萬名人，命好又得運之助，夫方能大顯夫宮坐用神，又與丑拱合酉全制旺殺，故夫顯貴。

戊申　甲子
乙丑　癸亥
己酉　壬戌
辛未　辛酉
　　　庚申
　　　己未

己土日元生丑月，己土司令，食傷洩重，月干乙木七殺透逢辛剋，夫宮又逢合，局中不見夫星，豈得良緣，命主於戌運逢，支戌申酉戌，流年癸酉，離婚。

正月庚金

庚寅　己卯4
戊寅　庚辰14
庚寅　辛巳24
壬午　壬午34
　　　癸未44
　　　甲申54

庚金日元生寅木月，甲木司令，地支三寅伏吟，財旺身弱，自取月上戊土偏印為用，喜其戊坐長生，兼能制時干壬水，惜妻宮財星坐守，且為忌神，又與午火外合，恐妻緣有變而不長久，果然命主在巳運刑剋妻宮妻星而與妻離婚，且在該運因經商而虧損，幸接下癸未運，癸合戊留原地，午未陰陽作合，而助起戊土獲利數千萬元。

壬辰　辛丑
壬寅　庚子
庚戌　己亥
甲申　戊戌
　　　丁酉
　　　丙申

此造庚金日元生寅木月，地支寅辰拱卯，干透雙壬一甲，水木兩旺，幸庚金日元通根在申戌且拱合酉金，日元有托根之氣，但氣弱力微，不堪任財，更可惜的是寅戌拱合午火，助起官殺，夫宮由喜變忌，本可財生殺，殺生印但隨寅戌之合，而印化於無形，故命主己亥運，癸酉流年出家為尼，因大運地支亥為甲寅長出，申酉戌雖會金局，但金會入墓庫之中，不能生

戊子　乙卯 7
甲寅　丙辰 17
庚午　丁巳 27
庚辰　戊午 37
　　　己未 47
　　　庚甲 57

二月庚金

丁酉　甲辰 6
癸卯　乙巳 16
庚寅　丙午 26
乙酉　丁未 36
　　　戊申 46
　　　己酉 56

扶日元，所謂財多身弱定入僧道，此造是也。

庚金日元生寅月，丙火司令，寅午合火，教強身弱，子水洩身生財，初看財似不弱，但日支午火不去剋身，反去洩財，生時支辰土且日得時庚之助，由弱轉強，且甲木似乎剋戊土，卻破時庚剋倒，故此造命主父早逝，妻宮午火本為忌，卻能洩木轉生辰土反為喜，故妻賢能幹，大學畢業，經營會計師事務所。

庚金日元生卯月，乙木司令，卯酉沖，乙庚合，初看似乎財旺，但財被剋合，必取癸水洩日元之氣以生財，女命最喜財官，可惜年上丁火被癸剋死，故先生一直以來，身體不好，生命似風中之燈般危，戊申運，夫珍重矣，此命主生一子一女，但不賺錢，一家四口，只靠一人獨立苦撐，實命也，運也。

辛卯　庚寅6
辛卯　己丑16
庚申　戊子26
庚辰　丁亥36
　　　丙戌46
　　　乙酉56

庚金日元生卯月，乙木司令，天干雙庚雙辛通申辰，天覆地載，日元強旺，最喜日時申辰拱子水，化金木之交戰，入戌運沖辰解合，各自還原，比劫可畏，財不保矣，故夫妻至此而分居，此造之缺點在無火制羊刃比劫。

乙酉　庚辰9
己卯　辛巳19
庚辰　壬午29
丙子　癸未39
　　　甲申49
　　　乙酉59

庚金日元生卯月，甲木司令，日元逢酉羊刃，得己辰之生助，日元不弱，雖財星司令，但乙木絕地，卯木逢酉沖，財由旺轉弱，幸子辰合水生財，但夫宮逢合又穿破，夫星丙火七殺又虛浮，婚姻難圓滿，己運二十三丁未年結婚，夫星出也，二十八壬子離婚，壬剋丙也，三十一乙卯結婚，木生火也，三十二丙辰離婚，大運壬剋丙也，三十六庚申結婚，申子辰三合夫宮也，三十八王戌離婚，辰戌夫宮沖也。

甲寅	戊辰	3
丁卯	己巳	13
庚午	庚午	23
丙戌	辛未	33
	壬申	43
	癸酉	53

庚金日元生卯月，乙木司令，支金寅午戌，干透甲，丙，丁，全局財殺勢旺，非從不可，然從格最忌官教混雜不清，此從格不純，從格最忌還魂，戊辰運甲木剋戊土，辰隨寅卯而化無妨，進入己運，合留甲木生日主，洩丁生扶日元故於戊辰流年，身遭橫禍，車禍而亡，戊辰運戊有甲剋，己巳運戊辰年，甲遭己合，戊土無所顧忌去生扶日元，從格逆勢故亡也。

三月庚金

癸丑	丁巳	8
丙辰	戊午	18
庚辰	己未	28
癸未	庚申	38
	辛酉	48
	壬戌	58

庚金日元生辰月，癸水司令，癸水雙透於年時，氣勢較寒凝，得丙火而成大器，可惜丙火無根，又無甲木生扶，夫宮雙辰扶吟，食傷又制殺太過，良夫豈易得，己土運雖可制癸水，卻亦洩去丙火，未運丑逢沖，也洩去丙火，若欲勉強求得婚緣，恐亦不歡而散，因庚申，辛酉更不利丙火，此造高中畢業，目前在 PUB 上班。

壬子　甲辰　庚寅　丁亥

乙巳3　丙午13　丁未23　戊申33　己酉43　庚戌53

庚金日元生辰月，戊土司令，子辰合，寅辰拱，寅亥合，水木兩旺，不可論從，甲木破戊土，用神受傷，非殘則夭，大運丙午與年柱，壬子沖剋，流年庚午，支與寅合又與子沖，水火交戰而不寧，只十九歲便車禍身亡，債若黃蓮苦難嚥，債了之時還甘甜，無債萬般皆自由，債若纏身苦難言。

甲午　戊辰　庚申　甲申

丁卯9　丙寅19　乙丑29　甲子39　癸亥49　壬戌59

庚金日元生辰月，戊土司令，庚金托根在申辰，身強喜才官，月日辰拱合子水洩秀，沖午中丁火正官夫星，取年時甲木洩水生火，可惜甲木臨於死絕，夫星無救，於丑運中鬧離婚，談玄說妙總是空，不若踏實落地功，千迴百轉夢裡尋，待至醒來日當中。

四月庚金

辛未	壬辰 4
癸巳	辛卯 14
庚午	庚寅 24
甲申	己丑 34
	戊子 44
	丁亥 54

庚金日元生巳月，庚金司令，天透地藏氣不弱，支見巳午未，南方火局殺氣強，取癸水洩金制殺，可惜甲木從中作梗而壞事，退求戊土來生扶，局中無戊，未中己土又遭合化，大運己丑，己合留甲木剋癸水，生日元尚可，戊運剋合癸水，反被甲木破，丁巳於勤務時遇害身亡，火旺攻身，勢難擋。

庚寅	壬午 5
辛巳	癸未 15
庚甲	甲申 25
甲申	乙酉 35
	丙戌 45
	丁亥 55

庚金日元生巳月，丙火司令，日元托根，天透地藏，強而有力，地支見寅巳申三刑，三刑得用，威震邊疆，巳中丙火秉令，真神得用，可惜甲木死絕，寅被三刑，欲生火大而無力，又無水洩化其氣恐頑冥，此造若以正格論將一無是處，若以假從革論，則佳美，一碩土命造，壬癸水運洩秀局。

壬寅　丙午 5
乙巳　丁未 15
庚戌　戊申 25
丙戌　己酉 35
　　　庚戌 45
　　　辛亥 55

庚金日元生巳月，丙火司令，寅巳刑，寅戌拱午火，火土燥熱，雖有壬出意以潤之，惜壬水為木所洩，轉生旺火，此格局之不好處，在沒有辰丑晦火之功，故此命主為貧寒之士。

五月庚金

辛卯　癸巳 9
甲午　壬辰 19
庚寅　辛卯 29
丙子　庚寅 39
　　　己丑 49
　　　戊子 59

庚金日元生午月，丁火司令，卯午破，寅午合，子午沖，子卯刑，庚辛運金臨絕，卯洩財生殺，雲程扶搖直上，亦庚金臨絕，升公安局長，流年遇壬申，癸酉引動庚辛，突然病歿。

庚寅　辛巳 11
壬午　庚辰 21
庚子　己卯 31
丙子　戊寅 41
　　　丁丑 51
　　　丙子 61

庚金日元生午月，丁火司令，寅午合火，干透壬丙各自通根子午，其勢相當，本欲借寅中甲木生官，惜隨午而化，且被庚金剋破，此造食傷制殺太過，夫宮伏吟又逢沖，夫星被沖太過夫危矣，此造命主早年落紅塵，為沐浴（午）逢沖，滾浪桃花。

丙午　乙未 4
甲午　丙申 14
庚申　丁酉 24
丁丑　戊戌 34
　　　己亥 44
　　　庚子 54

庚金日元生午月，丁火司令，殺印相生格，如若取申中壬水，洩金生木，則甲木無根，難有作為，己亥，庚子二運，應有大作為，其母親愛算命，拿此命造給過很多人算過，皆誇此命造為大商人，以後要做大生意，真是不知從何說起。

六月己土

戊戌	庚申	10
己未	辛酉	20
庚寅	壬戌	30
壬午	癸亥	40
	甲子	50
	乙丑	60

庚金日元生未月，丁火司令，未戌刑，寅午戌合，全局火土燥熱，最喜壬水透干，食神洩秀，柱中若戌未換，丑辰，其成就將不可限量，此造為某國立大學知名教授。

己丑	壬申	5
辛未	癸酉	15
庚申	甲戌	25
庚辰	乙亥	35
	丙子	45
	丁丑	55

庚金日元生未月，己土司令，丑未逢沖，土旺生金，看似可以論從革格，但細看之，申辰合子水，洩日元金氣，食傷洩秀，可惜癸水被年上己土所剋，而未中丁火本可一用，但丑未逢沖夫星傷矣，故命主於亥，丙交脫之際之癸酉年夫因肝癌而病亡，丙火被己土洩，癸水剋未中丁火。

七月庚金

庚寅　乙酉 9
甲申　丙戌 19
庚辰　丁亥 29
丙子　戊子 39
　　　己丑 49
　　　庚寅 59

庚金日元生申月，戊土司令，支全申子辰水局，申寅沖，日元天透地藏，庚金剋甲，身強財弱，喜食傷洩秀生財，丙火殺星置之死地而午用，財被剋絕，妻宮遭合，命主己運癸未，流年遭妻背叛，捲款與情夫潛逃。

己巳　癸酉 1
壬申　甲戌 11
庚午　乙亥 21
癸未　丙子 31
　　　丁丑 41
　　　戊寅 51

庚午日元生申月，庚金司令，支見巳午未火局，申巳刑，火旺金鎔，最喜壬癸水潤，年上己土制留癸水，壬水轉清，但己土亦能混壬水，有印無財，且財入墓庫，主與父緣薄，故命主年僅五歲，父母便已離異。

丁亥	己酉	4
戊申	庚戌	14
庚辰	辛亥	24
乙酉	壬子	34
	癸丑	44
	甲寅	54

庚金日元，生申月，庚金司令，申辰拱子水，辰酉合金，身強喜財官，丁火透出年干為用，可惜被戊土所洩，乙木又與日主庚金作合，申辰所拱子水剋丁火，夫宮遭合，於辛亥，壬子交脫之際，辛剋乙，流年己未土洩火得白血球症病逝，壬子與申辰三合水局，丁火死地，己未洩盡丁火故亡。

辛卯	乙未	4
丙申	甲午	14
庚寅	癸巳	24
壬午	壬辰	34
	辛卯	44
	庚寅	54

庚金日元生申月，壬水司令，辛金蓋頭卯，申金沖寅木，丙火雖通根在午，但被壬水，辛寅午合局，凡行三刑運必有長輩過世，命主刑巳運，逢三刑於辛酉父逝，羊刃奪財，壬戌流年得數仟萬遺產，寅午戌三合之力也，偏財守妻宮，娶二妻，寵妾，正妻溫柔。

八月庚金

癸卯　庚申 3
辛酉　己未 13
庚辰　戊午 23
壬午　丁巳 33
　　　丙辰 43
　　　乙卯 53

庚金日元生酉月，庚金司令，身強喜洩喜剋，時支午中丁火，被年時壬癸所剋，故不顯貴，年支卯木正財，逢酉沖主財不聚或無妻，所謂食傷雖巧，無財必貧，食傷雙透，乃巧藝之人，妻宮逢合，至今未婚，因財入墓庫也。

戊子　庚申 6
辛酉　己未 16
庚戌　戊午 26
丙戌　丁巳 36
　　　丙辰 46
　　　乙卯 56

庚金日元酉月，辛金司令，金神健旺，印比重疊，正偏印混雜，與母無緣，局中無財，父緣薄，故送人為養女，雖時干丙火有氣，但遭辛合，洩其火威，且又無財生殺福較淺，年之子水洩秀，能力佳至丁運剋去辛金之合，而屢受擢升，此造命主為一公司的高級主管，時支戌若改為寅，其富貴逼人。

辛丑　戊戌10
丁酉　己亥20
庚午　庚子30
己卯　辛丑40
　　　壬寅50
　　　癸卯60

庚金日元生酉月，辛金司令，丑見酉合，年透辛金時透己土，身強喜財官，月上丁火，喜通根在午，可惜被己土所洩，幸己土坐卯，洩丁火之力薄，最可惜時支卯木與午破，且卯被酉沖，無水化金生木，為美中不足，故命主雖能力好，也只為一大汽車廠的廠長，官位雖有卻不大。

九月庚金

己亥　癸酉2
甲戌　壬申12
庚寅　辛未22
丁亥　庚午32
　　　己巳42
　　　戊辰52

庚金日元生戌月，辛金司令，年月甲己合土，甲木隨合而化，寅戌會午火局，寅中甲木亦隨合而化，木潛於土中，如才要萌芽，時上一位貴，丁火透干能煉金，甲庚丁可取一貴，可惜甲木被合，丁火坐亥，幸寅亥合木可助丁火，一生最好之運在午，此造命主於申運時父因車禍而亡，本人為一中古汽車商行的老闆，此人為筆者同學。

四柱	大運
辛丑	丁酉 6
戊戌	丙申 16
庚寅	乙未 26
壬午	甲午 36
	癸巳 46
	壬辰 56

庚金日元，生戌月，戊土司令，丑戌刑，干透戊庚，身強喜財官，支見寅午戌火局，火煉金太過，土金燥熱，喜時干壬水洩秀，金得火而銳，得水而清，可惜戊土出制壬水，此造甲木運最好，而癸水運合，留戊土亦美，巳運與丑合，與寅刑欠佳，壬運尚可，辰運與戌刑沖，不吉，此造為某企業第二代。

十月庚金

四柱	大運
庚申	戊子 10
丁亥	己丑 20
庚午	庚寅 30
庚辰	辛卯 40
	壬辰 50
	癸巳 60

庚金日元生亥月，戊土司令，干透雙庚一丁，且通根在申辰，身強最喜有財官，月上丁火，又通根於日支午火，妻宮喜用坐守，可惜亥中甲木與申穿，財星破，故命主結過三次婚。

庚子　戊子4
丁亥　己丑14
庚申　庚寅24
庚辰　辛卯34
　　　壬辰44
　　　癸巳54

庚金日元生亥月，壬水司令，之見申子辰水局，干透雙庚一丁，日元得祿於申辰，元神健旺也，自喜財官，可喜丁火虛浮，焉得顯貴，此造命主於庚寅運逢申沖，財星被劫，和朋友合夥做生意而虧損累累。

十二月庚金

丁亥　癸丑6
壬子　甲寅16
庚辰　乙卯26
甲申　丙辰36
　　　丁巳46
　　　戊午56

庚金日元生子月，癸水司令，日元得根在時支申金，但地支申子辰水局，金隨合而去，非論從不可，為假從格容貌秀麗而聰慧，可惜食傷太重，夫宮化合，且唯一丁火正官夫星，被壬水制伏，如此格局，良緣如何能得，雖大運走丙丁巳，也莫可如何，食傷洩秀，應為女強人，但自古女人無才便是德應是對此而論，因女人強出頭很辛苦。

庚辰　己丑 6
戊子　庚寅 16
庚子　辛卯 26
乙酉　壬辰 36
　　　辛巳 46
　　　壬午 56

庚金日元生子月，癸水司令，子辰合水，雙子伏吟，辰酉合金，年透庚金助日元又得羊刃於時支，月透戊土以生扶，日元健強，乙庚作合乙留原地，水洩金生木，喜木火財官，可貴無火，若時柱換作丙戌，其貴更真，此為某縣議員命造。

十二月庚金

乙酉　庚寅 4
己丑　辛卯 14
庚子　壬辰 24
辛巳　癸巳 34
　　　甲午 44
　　　乙未 54

庚金日元生丑月，己土司令，之見巳酉丑金局，又得辛己相助身強可知，曰支夫宮子水傷官坐守，身強喜財官，年上己木正財坐絕，無力洩水去生時支巳火七殺，且巳逢子破，夫星危矣，於壬辰運戊申流年結婚，於庚戌流年離婚，之見辰戌丑三刑，庚合乙木，官殺無緣此所致也。

丁丑	甲寅10
癸丑	癸丑20
庚子	丙辰30
乙酉	丁巳40
	戊午50
	己未60

庚金日元生丑月，癸水司令，雙丑伏吟，子丑合，日元紮根於十之酉金羊刃，日元強健，最喜財官，夫宮被合，且傷官坐守，不吉也，年上丁火正官，被月干癸水破，夫如何存矣，此造命主，竟背夫而去，命也，運也，或心使然也。

正月辛金

丁卯	辛丑10
壬寅	庚子20
辛亥	己亥30
己丑	戊戌40
	丁酉50
	丙申60

辛金日元生寅月，甲木司令，寅亥合木，寅卯會辰，亥丑夾子，水木旺象，身弱喜印，己土透出時干，可惜被收入墓庫中，旺木則剋土，用年上丁火洩財之力，以生己土印居，可惜丁被月干壬水出而合之，用神無力，入於子運則支全亥子丑水局，丁火危矣，望命主能自求多福。此命造經多人論過其結論不一，有人認為當從，有人認為不當從，其命理之所以能讓人信服，必有其一定理路軌跡可尋，否則如何能讓人信服，此造。

戊子　乙卯 3
甲寅　丙辰 13
辛巳　丁巳 23
甲午　戊午 33
　　　己未 43
　　　庚申 53

辛金日元生寅月，雨水後六日生，甲木司權，干透雙甲得祿提綱，又得子水相生，財旺可知，寅巳雖刑不損其旺氣，本當取戊土以生扶日。元，但遭逢二甲之剋用印，印有損非殘則夭，且亦不可能富，當置日元辛金於不顧，而從財官，此造所以短命，非戊土作用神受剋所致，實乃從格不喜再見日元生扶之故，寅巳刑，子巳破，子午沖，官受傷故富不貴，入大運戊午，甲木剋去戊土，寅午合火故大發，商場得意，但午火亦逢子水沖，故發不可太過，太過則有禍，己運，己土與甲木合留去生日元，故此才遭大凶，命主於甲戌流年遭人開槍射殺身亡，因甲己合，而戌與寅午合化火，非但不能洩去土力，所合之火力反去生土，焉有不凶呢？

二月辛金

乙巳　戊寅 1
己卯　丁丑 11

辛金日元生卯月，甲木司令年干雖透乙木，木亦不為旺，因地支卯逢有沖，局中不見滴水，生木，日主自坐有祿且時落

辛酉　丙子21
丁酉　乙亥31
　　　甲戌41
　　　癸酉51

有時，月透己土生扶日元不弱，且時干丁火洩木生土，命中無救應之神，喜用受傷非殘則夭，行丙運洩乙木，流年戊辰，辰酉合而沖剋其力更大，故車禍身亡。

甲子　戊辰5
丁卯　己巳15
辛丑　庚午25
戊戌　辛未35
　　　壬申45
　　　癸55

辛金日元生卯月，乙木司令，年之子水洩金生木，年干透甲木財旺而身弱，幸有時干戊土出而生扶日元，全局之關鍵在丁火出而洩木生土，日時丑戌刑使，印重洩丁火而貴難顯，權衡下喜水洩申而生木以疏土，富而不貴之造，子女宮，妻宮有刑，夫妻難到老，且子逆，妻子在癸運己未流年跟情夫跑掉，戊土合留癸水，但己土剋去癸，地支丑未戌三刑妻宮致也。

三月辛金

丙申　癸酉4
壬辰　甲午14

辛金日元生辰月，戊土司令，日主自坐有祿，年時支得申金助，元神健旺，取丙火為用，可惜月干壬水出而制之，用神

辛酉　乙未 24
丙申　丙申 34
　　　丁酉 44
　　　戊戌 54

傷，非殘則夭，大運乙未，流年丙寅車禍而身亡，乙木欲去生火，為日元辛金降伏，未為火之洩地，寅與申沖，用神沖剋洩太重故亡。

戊戌　丁巳 7
丙辰　戊午 17
辛未　己未 27
丙辰　庚申 37
　　　辛酉 47
　　　壬戌 57

辛金日元生辰月，戊土司令，地支四土，天干雙丙火，一戊土，全局火土厚重，金氣埋矣，唯取辰中乙木疏土，因全局不見木故不得已而用之，可惜辰戌未三刑，用神傷矣，又無水淘洗，終生難顯，此造命主，僅為一小職員。

四月辛金

己未　戊辰 10
己巳　丁卯 20

辛金日元生巳月，丙火司令，未巳拱夾午火，巳丑拱酉，干透二巳一戊，土厚金埋，最喜子水洩秀，可惜子丑合，未子

辛丑　丙寅30
戊子　乙丑40
　　　甲子50
　　　癸亥60

穿，子巳破，水被合入庫，用神無力，非殘則夭，於未上運之己巳運中流年辛酉，因坐飛機失事喪生，身強復行羊刃運，命中遭劫。

壬寅　甲辰7
乙巳　癸卯17
辛酉　壬寅27
庚寅　辛丑37
　　　庚子47
　　　己亥57

辛金日元生巳月，丙火司令，日主自坐酉祿，又得時干相助，元神健旺，最喜財官，寅巳刑，巳酉合，正官有傷，用之無力，盡去之，喜年干透壬洩秀制丙火正官，可惜乙木洩之轉生大雖有庚金出而制之，但又有時支寅木洩水生火，之所以去之不淨，糾纏不清皆因財也，故此命主淫亂結婚後又與男人在外同居生子，使因於日支紅艷逢官合也，用方官無力，去支去不淨，非佳造也。

己丑　庚午6

辛金日元生巳月，丙火司令，巳未拱午火，亥巳沖夫星傷，

己巳	辛未16
辛亥	壬申26
乙未	癸酉36
	甲戌46
	乙亥56

五月辛金

乙巳	癸未8
壬午	甲申18
辛丑	乙酉28
戊戌	丙戌38
	丁亥48
	戊子58

巳丑拱酉，亥丑拱子，干透二己土，通根在丑未，印重，取乙木偏財去己土為用，亥未拱卯木，助起財星，但可惜被巳丑所拱之酉所剋，用神傷，且夫宮有沖，有合，婚姻恐不佳，癸運乙丑流年，與夫離婚，地支丑未沖，亥丑拱子沖巳火為原由。

此造命主被人推論為，按五月辛金，因丁火司令，辛金弱極，然因辛金轉柔，不宜鍛鍊，故此月之辛金適宜己人並用，用壬亦需庚辛生發水源，此坤造生於辛丑日壬午月，地支己午丑戌，天干透出戊土，故知格局火炎土燥，辛金有被厚土重疊之虞，雖然天干透出壬水，但壬水洩生於乙木而轉生火土，全局不見庚辛金未洩土生金，雖有權取日支之丑土未晦火生金，然而地之丑戌相刑，丑中之癸水被戊所傷，故命主因用神無緣又神被傷，而為勞碌之人，此命造批法實為粗糙，且讓人不知所云為何，筆者認為此命造之所以為勞碌之人原因為辛金日元生午月，丙火司令，巳午拱未火局，日元雖有戊丑戌印星生扶日元，但嫌火炎土燥，且地支午丑破，丑戌刑，刑破太過，所謂身弱印重，有厚土埋金之象，但厚土埋金，需有二三土出干，才可成立，印重取財損印，可惜乙木脆弱，不堪任也，唯有權取壬水洩秀，可惜被戊土所制，喜用盡失，焉有不辛苦焉得不勞碌，實非如前者所批丑戌刑傷，用神，癸水被戊土所傷而制勞碌也，喜用一位清，用癸水則有壬癸混雜，賓主混淆之感，前者推論乃方向錯誤，是以致此也，此燥丙火司令，喜水不喜木，若己土司令，自喜木也，但土多不得不用土，但火司令，用木又焉能得福，此造勞碌之因。

庚子	辛巳 6
壬午	庚辰 16
辛巳	己卯 26

辛金日元生午月，己土司令，支見巳午未，官殺旺矣，身雖得年干庚金相助，惜元神弱，不能任官，幸己土司令，為官印，相生貴格，遺憾的是時干乙木透，己土去矣，雖年干庚金

乙未　戊寅36
　　　丁丑46
　　　丙子56

六月辛金

庚辰　壬辰11
癸未　甲申21
辛巳　乙酉31
己丑　丙戌41
　　　丁亥51
　　　戊子61

辛未　甲午7
丙申　乙未17
辛亥　甲午27

欲出而救之，可惜壬水洩金去生木，木去生火，忌神輾轉相生，焉得為福，庚辰大運為一生最美之家運，紅顏薄命，夫旺無制，用神無力，三婚四嫁，此造為藝人，亦曾風光過。

辛金日元生未月，己土司令，地支三土，年透庚金助身，元神健旺，柱中財星不見，且入於墓庫之中，雖食傷洩秀，又如之何，命主為人儉樸守財，妻緣薄，丁亥大運與日主天沖地剋於流年癸亥沖妻宮與妻分居（財不見現又入墓守財）。

辛金日元生未月丁火司令，地支三未，干透己辛，助身，元神旺，身強印重，取財損印，喜卯未合，美中不足者，年上癸水破己土所降伏，幸卯中乙木能剋己土而救癸水，但時辛金

庚寅　癸巳37
　　　壬辰47
　　　辛卯57

卻有所干預，行丙，丁，二運佳，乙卯運，乙木得祿亦佳美，甲寅運，甲木合己土，全局舒暢，妻宮合財，故妻得大助力，有幾棟房子出租他人。

七月辛金

丙子　丁酉15
丙申　戊戌25
辛巳　己亥35
戊戌　庚子45
　　　辛丑55
　　　壬寅65

辛金日元生申月，庚金司令，得時柱戊戌之助，身不弱，然年月丙火雙透，雖失令，卻得根於日支巳火，官亦不弱，官印相生最喜食傷洩秀，年月申子合化水，秀氣發越，大運一路金水，故官至副總統，年月為喜用，故可得祖蔭。

甲午　戊子3
戊甲　丁未13
辛酉　甲戌23

辛金日元生申月，庚金司令，日主自坐酉祿，得時戊土資扶元神旺，喜食傷，洩秀月上壬睡雖出干欲，洩元神，可惜被干戊土所制，年干甲木土可出而制成吐護壬水，可惜甲木坐午

戊寅　乙亥33
　　　丙子43
　　　丁丑53

火，木之氣盡洩於火，喜用輔之無力，大運癸酉，甲戌皆西方金，木無能為力，一生以乙亥較佳，丙子運亦差強人意，故命主僅為一工廠領班。

丁巳　丁未7
戊申　丙午17
辛酉　乙巳27
辛卯　甲辰37
　　　癸卯47
　　　壬寅57

辛金元生申月，庚金司令，支全申酉戌，干透雙戊，日元生扶太過，無水宣洩總，為不美，局中無半點精神得小而痲痺症，身旺無財定孤貧，況才入墓乎。

壬申　甲戌17
辛未　乙亥27
甲午　丙子37

辛金日元生申月，庚金司令，干透戊辛，支得申酉助身，身旺極，身旺喜財，卯木偏財逢酉沖，全局不見半點水氣，金無從宣洩，身旺無財定孤貧，用神有傷必夭殘，故為一啞巴命

丁丑 47
戊寅 57

造。

八月辛金

壬申	庚戌 4
己酉	辛亥 14
辛卯	壬子 24
戊戌	癸丑 34
	甲寅 44
	乙卯 54

辛金日元生酉月，庚金司令，身強喜洩也，取年上壬水洩秀，無奈戊己出而制之，為人雖有小智慧，看命看風水，但卻好女色，以致婚姻失敗，為人小氣，卻肯為女人散財。

甲寅	甲戌 8
癸酉	矣亥 18
辛未	丙子 28
戊戌	丁丑 38

辛金日元生酉月，辛金司令，得三土之生，元神渾厚，喜得月干癸水洩水，惜得時干戊土而合制，秀氣阻隔，而甲木亦死於酉，水主智，甲木主頭腦，水木傷，故出生後便成白痴。

戊寅 48
己卯 58

戊申
辛酉
辛亥
癸巳

壬戌 1
癸亥 11
甲子 21
乙丑 31
丙寅 41
丁卯 51

辛金日元生酉月，辛金司令，身強用財官，巳中丙火為喜用，惜亥巳沖，無生化之神，用神不可傷，否則非殘則夭，此造命主於癸亥大運，癸亥流年車禍身亡，水沖火太過，巳中一點丙火如何能存，如何能保。

己酉
癸酉
辛丑
戊戌

壬申 6
辛未 16
庚午 26
己巳 36

辛金日元生酉月，辛金司令，丑酉合金，三金四土，日元旺氣可知，身強印重，取財損印，惜財星不出，且妻宮逢刑，夫妻緣薄，時入庚午大運午酉破，午丑害，午戌合，於流年癸未，地支丑未戌三刑，妻生一女，但其妻卻差點死於血崩，幸

戊辰 46
丁卯 56

醫生幫其切除子宮才幸免於難，但其妻今後已不能生育也。

九月辛金

己丑　癸酉 7
甲戌　壬申 17
辛卯　辛未 27
癸巳　庚午 37
　　　己巳 47
　　　戊辰 57

辛金日元生戌月，戊土司令，丑戌刑，甲己合化土，身弱印重，喜財去印，惜甲木正財貪合己土而忘剋，幸癸水出干洩秀，然而雖甲木貪合己土而忘剋，卻也因此而救了癸水，反不傷其癸水秀氣，故命主能再癸酉，壬，申二運完成博士學位，日支卯木本可起而代之甲木，可惜卯戌合，精神散矣，且巳丑拱酉亦沖日支卯木，而當進入辛位大運時，形成地支丑未戌三刑，故合主才在此運中英年早逝。

癸巳　辛酉 6
壬戌　癸申 16
辛卯　己未 26

辛金日元生戌月，戊土司令，日元得氣，時干又透辛金幫身，日元不弱，最喜年月透出壬癸洩秀，以生財星，日時卯木伏吟，月日支卯戌合，五行之氣可謂中和，但丁火正官入墓，

辛卯　戊午36
　　　丁巳46
　　　丙辰56

又被壬癸蓋頭剋，故富大貴小，只為財政部次長。

乙巳　乙酉8
丙戌　甲申18
辛丑　癸未28
癸巳　壬午38
　　　辛巳48
　　　庚辰58
　　　己卯68
　　　戊辰78

辛金日元生戌月，戊土司令，丑戌刑，巳刑合，取乙木疏土，剋去丑中己土，可惜被丙火洩去，幸時干癸水出而制火，食神洩秀，轉生財，曾做過政務官、大使。

十月辛金

辛未　戊戌4

辛金日元生亥月，甲木司令，支全亥卯未木局，日元得年

己亥	丁酉14
辛卯	丙申24
己亥	乙未34
	甲午44
	癸巳54

上辛金幫身，又得雙己透干生扶日元亦不弱，可謂申財兩停，用食傷洩秀，去生財，祖父為北縣新莊的地主。

丁巳	庚戌2
辛亥	己酉12
辛未	戊申22
丁酉	丁未32
	丙午42
	乙巳52

辛金日元生亥月，戊土司令，元神得用月干辛金時支酉金相助，又自坐未土，元神不弱，但丁火雙透年時干上，且又得氣於巳未，丁火七殺亦旺，取亥中壬水為用，可惜亥巳沖，亥未合，亥水不能洩秀，友遭合忌神，大運入酉流年甲戌，支成未戌刑，干頭甲木去住丁火，因搶奪他人皮包而被判刑三年，乙亥年出獄，丁丑流年出車禍，摔斷一條腿，醫生診斷有殘廢之虞。

庚辰　戊子9
丁亥　己丑19
辛酉　庚寅29
庚寅　辛卯39
　　　壬辰49
　　　癸巳59

辛金日元生亥月，戊土司令，金神旺，喜財官，月干丁火七殺為用，可惜洩於戊土，幸時干寅木助起官星，故命主能再庚寅辛卯二運平步青雲，但大運入壬辰，壬水拌住丁火，故於該運命主得癌症。

十一月辛金

癸巳　乙丑8
甲子　丙寅18
辛丑　丁卯28
丁酉　戊辰38
　　　己巳48
　　　庚午58

辛金日元生子月，壬水司令，支全巳酉丑金局元神不弱，最喜時上丁火七殺偏夫為用，可惜子月為丁火死絕，雖有甲木相生，亦無能為力也，大運丁卯，丁逢癸剋，印逢酉沖凶也，流年己巳，支全巳酉丑金局，干頭甲己合，丁火危矣，故命主於該年去世。

甲辰　丁丑10
丙子　戊寅20
辛卯　己卯30
丁酉　庚辰40
　　　辛巳50
　　　壬午60

辛金日元生子月，癸水司令，子辰合水，干透甲丙丁，剋洩盜齊來，幸日元得氣於時支酉，年支辰土生扶日元，惜隨子合而化，且辰中戊土又被甲木剋制，用神無力，在大運丁丑，丑酉合金，流年庚申十七歲，支成申子辰三合水局，非但不能助身，反合化忌神洩身，於工作時中指斷掉，且在辛酉年出三次車禍，因金木戰也。

戊午　癸亥7
甲子　壬戌17
辛酉　辛酉27
乙未　庚申37
　　　己未47
　　　戊午57

辛金日元生子月，癸水司令，日主自坐酉祿，又得年干戊土，時支未土之助，氣勢中和，但年月，甲剋戊土，子水沖午火，充激太過，且冬金喜火調候，年支午火七殺逢子沖，用神受傷，故命主為傷殘之人。

丙申　辛丑 3
庚子　壬寅 13
辛未　癸卯 23
甲午　甲辰 33
　　　乙巳 43
　　　丙午 53

辛金日元自坐未土，得年月庚申相助，日元不算太弱，癸水司令，申子合，水洩而寒，年上丙火氣紮於午，時透甲木財官，有力，且丙剋庚，子合用，財官之力更盛，取印化官生扶為用，然庚金被剋，申金被合，未被午合，喜用盡去，非殘則夭，命主得小兒痲痺症。

十二月辛金

丙子　庚子 11
辛丑　己亥 21
辛酉　戊戌 31
甲午　丁酉 41
　　　丙申 51
　　　乙未 61

辛金日元生丑月，己土司令，日元自坐酉祿，得月干辛金相生，子丑合土，身強喜官，年上丙火得根在午火，又有甲木相生，財官雙美，似乎佳造，丙辛一合把大好格局破壞掉了，且夫宮丑酉合，為桃花合合，午酉破，為桃花破，桃花先合後破，女命不宜，故夫緣薄一直過單身生活，正房無力，偏房安身可也。

甲子　戊寅
丁丑　己卯
辛丑　庚辰
己丑　辛巳
　　　壬午
　　　癸未

辛金日元生丑月，子丑合，地支三丑，土多金難顯，取甲木疏土，再取丁火調候，可惜土多火晦，半夜燈火忽明忽暗，用神無力，命主只為一介寒士，且終老無子，子息宮用神入墓庫，得子難，此造大運無助於丁火，故不顯貴。

正月壬水

辛酉　辛亥 7
庚寅　辛卯 17
壬子　壬辰 27
乙未　癸巳 37
　　　甲午 47
　　　丙甲 57

壬水日元生寅月，丙火司令，日元自坐子水羊刃，時通亥祿，又得四金生扶，身強喜財官戊土七煞藏於寅中，夫星不出印星重，難享夫蔭，幸丙火偏財司令，生寅月寅中甲木可生火，可渭真神得用，其命必富，且大運一路木火，於行火運時自創公司，致大富，行乙未運與夫仳離。

庚子　辛亥4
戊寅　丁丑14
壬申　丙子24
壬申　乙亥34
　　　甲戌44
　　　癸酉54

壬水日生寅月，戊土司令，寅戌合火，時透己土，木洩土剋，日元弱，但時落酉金生扶日元，元神由弱轉強，取戊土為用，但己土透，喜寅中甲木制戊土留己官，使格轉清，大運喜走火土，曾做過財政部長，也曾做央行總裁。

二月壬水

戊戌　癸卯4
乙卯　甲寅14
壬辰　癸丑24
己丑　壬子34
　　　辛亥44
　　　庚戌54

人元日元生卯月，乙木司令，卯戌合，夫宮卯辰穿破，命中夫星土被旺木所剋，無火通關，夫星危矣，身主雖有癸水出干幫日元，可惜無印，福分淺，夫緣薄，故命主在三十一歲前已二度因緣，幸大運一路扶身，尚可聊慰也。

辛丑	壬寅 5
辛卯	庚寅 15
壬子	己丑 25
戊子	乙酉 35
	丁亥 45
	丙戌 55

壬水日元生卯月，乙木司令，金水生扶，元神渾厚，財星暗藏，妻宮帶刑，晚婚，子刑卯，傷官受損，此造命主為一位缺嘴之人，寅中丙火財星受辛壬之制，若未能多培福，婚姻恐難求得也。

三月壬水

戊申	戊申 4
丙辰	丁巳 14
壬申	戊午 24
戊申	己未 34
	庚申 44
	辛酉 54

壬水日元生辰月，戊土司令，申辰合水，干透雙戊一丙，日元得氣得生，似乎佳美，然土旺則水塞，無木疏土，焉得為美，且丙火在月干，無木生助，其氣盡洩於土（火為腦，心臟）無木生火，故弱智。

己未　戊申 2
戊辰　己巳 12
壬申　庚午 22
甲戌　辛壬 32
　　　壬申 42
　　　癸酉 52

壬水日元生辰月，戊土司令，官殺複雜，辰申拱子水，日元雖得印而生，但土厚則金埋，乙木藏在未，辰中，欲疏土而乏力，財星藏於庫中，與父緣淺，故父母分居多年，且父親在外與女人同居，而此造命主也在癸未流年，與男女發生關係，未結婚也先懷孕了，因流年干頭癸與月時之戊合的關係。

四月壬水

丁亥　壬寅 4
乙巳　甲辰 14
壬辰　癸卯 24
己亥　壬寅 34
　　　辛丑 44
　　　庚子 54

壬水日元生巳月，庚金司令，全局木火土，洩氣重，以印生扶，真神得用，亥巳一沖，巳中庚金受傷，大運入於丑，巳丑拱合酉金，於流年丙寅交丁卯流年之際，腦充血死，地寅卯辰，沖酉印星，丁合壬水，喜用俱去，喜用有傷，非殘則夭，誠此造之寫照也。

辛丑　癸卯3
癸巳　甲午13
壬戌　乙未23
癸卯　丙申33
　　　丁酉43

壬水日元生巳月，丙火司令，巳丑拱酉夫宮夫星入墓與夫緣薄，身強喜財官，月支巳火，丙中火，隨合而化，丑戌刑，卯戌合，財官輔用俱無力矣，用神有傷，非殘則夭，大運入丙申，流年丁卯生一子而死亡，干頭丁火被剋絕，巳申刑，卯與巳丑所拱之酉沖，喜用盡去，焉有幸免之理。

五月壬水

庚寅　癸卯11
壬午　辛巳21
壬寅　庚辰31
丙子　己卯41
　　　戊寅51
　　　丁丑61

壬水日元生午月，丁火司令，寅午合火，木火旺洩日元，水露虛浮，為花草樹上的水珠，最喜年上庚金生發水源夫星暗藏夫宮坐食神，不利於姻緣，傷官坐桃花入大運己卯流年壬戌支見寅午戌三合火，與夫之好友通姦，在其姦情敗露後，與姦夫私奔。

丁酉　辛亥9

壬水日元生午月，丁火司令，干透丙丁，財旺，身主逢亥

丙午　乙巳 19
壬申　辰 29
甲癸　卯 39
己亥　壬寅 49
　　　辛丑 59
　　　庚子 69

申酉生，日元更旺，取食傷洩秀生財，柱中不見明木，權取亥中甲木為用，然申亥穿破，用神有傷大運壬癸丙丁，寅卯見申面沖，勞勞碌碌開計程車為生，寅運沖妻宮，亦恐婚緣有變善自護念，否則前途多憂。

六月壬水

庚子　壬午 6
癸未　辛巳 16
壬子　庚辰 26
庚子　己卯 36
　　　戊寅 46
　　　丁丑 56

壬水日元生未日，己土司令。全局水太旺、身旺官衰，財藏庫中，三子穿一未土，水多土必潰散，大運辛巳流年戊午，支成巳午未火局，弱火沖旺水，終因車禍而成殘，此造身旺，無財官、正與能得福，喜用入墓，必有禍害，此為坤命造。

己未	庚午11
辛未	己巳21
壬辰	戊辰31
壬寅	丁卯41
	丙寅51
	乙丑61
	甲子71

壬水日元生未月，己土司令。局見四土，幸月干透辛金可化土生扶日元。更喜時支寅中甲木，可制官殺以護身。故此造命主貴至國防部長及行政院長。

七月壬水

戊辰	辛酉7
庚申	壬辰17
壬辰	癸亥27
丁未	甲子37
	乙丑47
	丙寅57

壬水生申月，壬水司令。地支申辰拱子水。金水氣旺，宜以年干戊土止水。可惜土洩於金。幸時干丁火坐下未土且丁壬合，財來向我。故出生於富家。此命主貴為立法委員在野黨主席。

四柱	大運	歲
戊戌	庚申	3
己未	辛酉	13
壬子	壬戌	23
癸卯	癸亥	33
	甲子	43
	乙丑	53

壬水日元自坐子水，生未日，己土司令。未戌刑，未子穿子刑卯，年月透戊己，剋去癸水，日元弱極。命中無明印，出生後不久患小兒痲痺症，腳部殘障，幸大運一路金水，這是蒼天憐憫還是有罰有賞呢？

八月壬水

四柱	大運	歲
丁酉	庚戌	8
己酉	辛亥	18
壬辰	壬子	28
壬寅	癸丑	38
	甲寅	48
	乙丑	58

壬水日元生酉月，庚金司令。酉辰合金，元神健旺，最喜財官，可惜己土正官，洩氣於金，年上丁火又無根苗，唯取時支寅中丙戊為用，但如此一來，丙混丁、戊混己則格局不清。其次取壬水制丙火為輔，但寅中戊土，焉能讓壬水得逞，此造喜用失據，命格不高，且夫宮辰中戊土偏夫也來參一腳，似乎偏夫之力勝正夫，如此怎得夫蔭，庚申年結婚沒幾年便離婚。

己亥　壬申
癸酉　辛未
壬申　庚午
戊申　己巳
　　　戊辰
　　　丁卯

壬水日元生酉月，全局三金三水，年時雖透戊、己土官殺，可惜官殺之力盡洩於印，土不能制水，反激其濁，柱中無木，水無揚清之時，雖大運走東南之地，卻也莫可奈何，命主有心求進，無奈命運如此，也僅能得溫飽而已。

九月壬水

辛卯　壬寅 10
戊戌　丁酉 20
壬子　丙申 30
壬辰　乙未 40
　　　甲午 50
　　　癸巳 60

壬水日元生戌月，辛金司令，年透辛金，自坐子水羊刃，時上透王，生扶有根，日元強旺，此造維煞印相生格，卯戌合火助起財星，時支寅中，丙戊為用，乙運生官，未運丙寅年升至大隊長，丙逢辛合留，寅逢戌合火，故再升官，丁卯留年破財，丁逢壬合，子逢卯刑，戊辰流年逢未戌三刑父亡。

己亥　甲戌　壬辰　庚辰

庚戌2　乙亥12　丙子22　丁丑32　戊寅42　己卯52

壬水日元生戌月，戊土司令，辰戌沖，土多水塞，官煞混雜，夫宮與夫星皆逢沖，先用庚金，以化煞生身，次用甲木疏土，以正本清源，可惜月上甲木被時干庚金所剋敗，大運入丁丑，流年已未，運限逢沖，歲命三刑格局，此年夫亡，並得精神病。

十月壬水

丙寅　己亥　壬辰　乙巳

乙巳11　庚子21　辛丑31　壬寅41　癸卯51　甲辰61

壬水生亥月，甲木司令，寅逢亥合，氣聚木火，月干己土正官星被乙木剋絕論從兒格，此造做過校長，不可以正格論因亥水逢寅合，且為甲木司令，若壬水司令，則不可論從，此造大運一路走東北，水木之鄉，從兒不忌比肩，羊刃，若此造不論從，如何能當校長。

丙戌　辛丑10
己亥　戊戌20
壬子　丁酉30
癸丑　丙甲40
　　　乙未50
　　　甲午60

十一月壬水

庚戌　甲辰6
戊子　己丑16
壬戌　庚寅26
甲午　辛卯36
　　　壬辰46
　　　癸巳56

壬水日元生亥月，壬水司令，全會亥子丑北方水局，氣勢寒凝，最喜財官，月上己土正官，洩丙火之氣，而年干丙火，虛置矣，金水旺者，情慾重，好色，風流，背夫，偷情樣樣來，大運入申，酉公然出牆，膽大妄為，好老公管不住。

壬水日元生子月，癸水司令，雖德年干庚金化煞生身，亦要有甲木疏土正本清源，因土多則水塞，時上甲木洩秀，土有化有制，然格局陰寒，必要取年支戌中丁火為輔，惜丁火藏於庫中，且妻宮戌逢沖不吉，大運入於壬辰，辰遇戌則沖，流年丙甲，申遇子辰則三合化水，丙火干頭剋庚金用神，申遇子辰合入庫，不能生日元，反遭凶，年支戌逢沖，戌中丁火亦傷，喜用俱去該年病亡。

己未　丙午 2
丙子　乙亥 12
壬子　甲戌 22
丙午　癸酉 32
　　　壬申 42
　　　辛未 52

壬水日元生子月，壬水司令，日元雖自坐子水，又得令，但全局財官旺天干雙丙，生年柱己未，且未穿破子水，日時逢子午沖，日元命根全遭沖穿，番強實弱，交入乙亥大運乙木洩弱元神去生火土，地支亥見未合卯木局，亦洩弱日元，故幼年多病。

十二月壬水

癸巳　癸卯 4
癸丑　甲寅 14
壬午　乙卯 24
癸卯　丙辰 34
　　　丁巳 44
　　　戊午 54

壬水日元生丑月，己土司令，干透三癸助身，巳丑拱酉，酉為沐浴，桃花暗合，身強喜財官，日支坐午丁火為正財，又為桃花，取財生官，因桃花財而致貴，淪為酒家女，豈非命中注定，而日時午逢卯破，巳丑拱酉沖卯，夫子兩傷，紅顏豈薄命，蒼天豈妒才，菩薩畏因，眾生怕果，若要怎麼收，即要怎麼種。

己亥　丙午 7
丁丑　丙子 17
壬子　乙亥 27
丙午　甲戌 37
　　　癸酉 47
　　　壬申 57

壬水日元生丑月，己土司令，支全亥子丑北方水局，雖干透丙丁己，氣勢足以與水對抗，但火根時支之午遭水沖則火根拔，且天干火氣盡洩於己土，己土卑濕，只會晦火，而不能築提，水勢汎濫而沖奔，大運入甲戌，甲合己，火無土護，怎能避開旺水，戌見丑刑，激水之濁，午見戌合，午火被合入庫，流年癸酉，癸水傷丁，酉見巳丑合化金，金水更旺，至此丙火再旺亦滅息矣，此命主為一敦厚勤奮的推銷員，無奈至此而休身亡於肝癌。

正月癸水

戊戌　乙卯 8
甲寅　丙辰 18
癸亥　丁巳 28
乙卯　戊午 38
　　　己未 48

癸水日元生寅月，丙火司令，寅戌合火，寅亥合木，亥卯合木，干透甲乙，火木旺矣，日元自坐亥水，強根，因丙火司令，故亥運寅卯合而不化，亥水置留原地不可從，以正格論五十七歲前走火土運一無是處，大運丁巳與日元反吟，流年三十二歲己巳與日主反吟故離婚，柱中無財，故妻緣薄，雖丙火司

庚申 58

令，可惜身弱難任財。

壬午　辛丑 8
壬寅　庚子 18
癸巳　己亥 28
丁巳　戊戌 38
　　　丁酉 48
　　　丙申 58

癸水日元生寅月，戊土司令，寅午合火，丁火透干，日時雙巳伏吟，身弱財旺，年月雙壬透干幫身合財，不可論從，夫宮伏吟又帶合，身弱不堪任財官，難享夫蔭，大運入亥，羊刃劫財，運勢佳，戊戌大運，戊土剋壬水，地支戌見，寅午合化火，雖化財而不能用，用神看子，用神傷於該運中喪子，運實差矣。

二月癸水

戊子　甲寅 2
乙卯　癸丑 12
癸巳　壬子 22
丁巳　辛亥 32
　　　庚戌 42

癸水日元生卯月，甲木司令，氣聚木火，日元無氣，非從不可，書云：「一出門來只見兒，我兒成氣構門閭，從兒不論身強弱，只要我兒再見兒。」此造非壬，癸二運，剋住丁火不吉，但因從格不忌刃比，故無凶，大運交入辛，借屍還魂力見凶禍。

	己酉 52

壬辰	甲辰 7
癸卯	乙巳 17
癸亥	丙午 27
甲寅	丁位 37
	戊申 47
	己有 57

癸水日元生卯月，乙木司令，支全寅卯辰，甲木透干，干有壬癸幫身，日元有氣不可論從，食神太重，故此命主沉迷賭桌，四十六歲前大運一無是處，為人聰明，卻不思正途，一意孤行，大運入甲之後，友好運氣，應思振作才是。

三月癸水

己丑	己巳 5
戊辰	庚午 15
癸未	辛未 25
丙辰	壬申 35
	癸酉 45

癸水日元生辰月，戊土司令，局見六土一火，滿盤官殺，從財官格，因官殺混雜，從之不純，取辰中乙木去己土留戊官留清，以丙火生戊土為輔，大運入辛未，丙火逢辛合，丑見未沖，丑未沖則沖出己土來，土更見混濁，流年辛酉，雙辛爭合丙火，用神不清，酉見辰合，辰中乙木去矣，故離婚。

甲戌 55

甲戌　己巳 8
戊辰　庚午 18
癸丑　辛未 28
壬子　壬申 38
　　　癸酉 48
　　　甲戌 58

癸水日元生辰月，癸水司令，日元自坐丑，得時柱相扶，元神健旺，地支辰戌沖，子丑合，月透戊土，官殺旺，取時支子水合丑，使己土閉庫而不混戊土，喜甲木出干洩秀而剋制戊土，可惜柱中無明印，故福分不厚，至大運壬申，助旺元神，於流年壬子升任校長，五十六歲流年戊辰，戊剋壬，辰合子，子息宮有傷，故其子該年車禍成植物人。

四月癸水

己丑　庚午 2
己巳　辛未 12
癸亥　壬申 22
壬戌　癸酉 32
　　　甲戌 42

癸水日元生巳月，丙火司令，年月雙透，己土七殺，殺威重重，幸有時干壬水出而相挺，更喜巳丑拱酉，為吉神暗藏，用神有力，且丑巳合解亥巳沖，使夫宮不傷，以一仁化眾暴，此造為音樂天才女神童，又得大運生扶二十四歲便已成為師大教授。

乙亥52

己未　戊辰6
己巳　丁卯16
癸酉　丙寅26
戊午　乙丑36
　　　甲子46
　　　癸亥56

癸水日元生巳月，丙火司令，地支巳午未全，戊癸合化火局，日支酉金被午火，午局破，故應論假從，大運入於甲則甲見己合，子見未穿，尚佳，癸亥運，癸逢戊合，逢己剋，亥見未合，助化氣格更上一層，官至部長，化得真者只論化，化神還有幾般話，此造化氣被土洩太過，故運喜走木火。

五月癸水

戊戌　己未8
戊午　庚申18
癸亥　辛酉28
癸丑　壬戌38
　　　癸亥48

癸水日元生午月，己土司令，午戌合火，年月透戊土，財官旺而身弱，辛有時干癸水出而合官，日時亥丑拱合子水，且丑中辛金又可生扶日元，此造以日之亥中甲木制戊土為輔，用時支丑中辛金為用，看似佳造富貴宜也，不幸大運入辛酉有見丑合，用神合入墓庫而不能生，扶日主反遭凶，辛庚金不傷，

甲子 58

丙子　乙未 3
甲午　丙申 13
癸未　丁酉 23
戊午　戊戌 33
　　　己亥 43
　　　庚子 53

流年三十一歲丙辰，丙火剋庚，辰見戌沖，沖則解午戌之合，午見酉則破，故命主於該年得肝病而亡。

癸水日元生午月，丁火司令，子午沖，午未合，癸水雖紮在年支子水，但子逢午沖，水根盡去，戊逢癸本欲化火，但甲木出於月干而制土，戊土既去，焉得而化，此造應論從財格，書云，從得真者只論從，從神又有吉和凶，此造全局氣取水在財，故從財格真可惜年之水子雖逢沖而去，只論假從，次造為前某副總統之子。

六月癸水

辛卯　庚申 10
己未　辛酉 20
癸丑　壬戌 30
戊午　癸亥 40

癸水日元生未月，丁火司令，卯未合木，丑未沖，午丑六害，審全局而氣取水於土，干透戊己官煞混雜，取年干辛金化殺生身，然辛金坐印絕也，而且夫宮丑逢未沖，辛金根搖，幸年之卯木合未解凍沖，但日時午丑害卻無解，故此命主為一富

甲子50
乙丑60

戊子　庚申8
己未　辛酉18
癸卯　壬戌28
庚申　癸亥38
　　　甲子48
　　　乙丑58

七月癸水

戊戌　辛酉9
庚申　壬戌19
癸亥　癸亥29
丙辰　甲子39

商之妾，官殺重重非妾則寡。

癸水日元生未月，丁火司令，傷官司權，喜得祿於年支，又得時柱根身金來生扶，格取殺印相生貴格，未子穿，幸有日支卯木合未解未子之穿，年支祿神不傷，故出生富家，數十年大運一路金水木，故獲長輩提攜而步步高升，於癸酉流年大運癸亥，被推為客運公司董事長。

癸水日元生身月，壬水司令，綜觀此造命主水水自坐亥生庚申月，金水相助元氣旺，時干丙火正財高透欲剋庚金，可惜坐辰土，火被土洩，全局不見財星生發之源木，只有借亥中甲木一用，可惜申亥穿破且丙火被司令壬水剋，喜用無力非殘則

乙丑 49
丙寅 59

夭，果然於辛酉大運辛酉流年於服兵役卻在軍中因炸藥爆炸而腳受傷殘廢。

辛酉
丙申
癸酉
辛酉

乙未 11
甲午 21
癸巳 31
壬辰 41
辛卯 51
庚寅 61

癸水日元生身月，庚金司令，全局一望滿盤金光，身弱印重必以財損印，可惜月干丙火逢辛而合，貪合而忘剋，且丙火無源，所謂「身弱財旺為僧道，身強財弱入空門。」此造應去母慈滅子格，又名木戊同心格，此造所以循入空門，只因行運皆背，行東南木火之鄉逆其勢，此為一和尚造。

甲申
壬申
癸亥
乙未

癸酉 5
甲戌 15
乙亥 25
丙子 35

癸水日元生申月，庚金司令，金水旺，喜食傷洩，庚金司令之神剋甲木，取乙木牽制庚金為輔，以壬水洩金為用，而大運走癸甲戌乙故能研究所畢業。

丁丑 45
戊寅 55

丁酉　己酉 10
戊申　庚戌 20
癸酉　辛亥 30
壬戌　壬子 40
　　　癸丑 50
　　　甲寅 60

癸水日元生申月，庚金司令，支全申酉戌金局，局中印綬重重，父母難兩全，且丁火偏財無生發之源，自小父母離異，借食傷生財，食傷為祖母，故命主自小由祖母帶大，又因夫宮隨合而化，而夫星又盡洩餘蔭，故遲至於今依然單身。

八月癸水

壬寅　庚戌 7
己酉　辛亥 17
癸亥　壬子 27
癸亥　癸丑 37

癸水日元生酉月，庚金司令，綜觀全局水勢猖狂，無土不足以定，無火不足以暖，看月己土透干，似有強出頭的意味，因若無己土出干，本可順勢而為，今己土出，必要有火，方可成事，可惜己土坐酉金，土氣盡洩矣，唯年支寅木可成中流砥

甲寅 47
乙卯 57

柱，可惜庚金司令，剋破甲木非殘則夭，此造非但離婚，並於乙亥流年，乙木剋己土而遭殺害。

辛卯	丙申 8
丁酉	乙未 18
癸酉	甲午 28
辛酉	癸巳 38
	壬辰 48
	辛卯 58

癸水日元生酉月，辛金司令，身弱印重，取月上丁火偏財為用，更喜年支卯木食神生之，然卯逢酉沖，何況逢三酉之力，喜用被傷非殘則夭，於大運癸巳因並鋸掉一腳。

丁酉	戊申 4
己酉	丁未 14
癸巳	丙午 24
丁巳	乙巳 34

癸水日元生酉月，辛金司令，身弱財旺，最喜月干己土出而洩丁火之轉生酉金為用，大運入丙午一片火勢，流年三十一歲丁卯又是木火，且酉逢卯沖，酉逢午破，用神無處可逃，車禍死亡。

甲辰 44
癸卯 54

己卯　甲戌 3
癸酉　乙亥 13
癸酉　丙子 23
辛酉　丁丑 33
　　　戊寅 43
　　　己卯 53

癸水日元生於酉月，辛金司令，年上己土坐絕，且洩氣於金，而年支卯木逢酉沖，去亦不可用假格，母吾同心格，行戊寅運戊土濁水故夫坐守，此造營先生為局長。

九月壬水

甲午　癸酉 10
甲戌　壬申 20
癸亥　辛未 30
辛酉　庚午 40

癸水日元生戌月，戊土司令，午戌合火，年月雙透甲木洩秀，日元喜自坐亥且得時柱辛酉之助，元神不弱，喜財官，此造為影星，林小姐命造，大運壬水有甲木洩開始入行，申運會戌酉，越增元氣之神，辛運較差，未運未戌刑不吉，庚運剋甲

己巳 50
戊辰 60

木淡出，午運風雲再起。

辛卯	丁酉 1
戊戌	丙申 11
癸未	乙未 21
丁巳	甲午 31
	癸巳 41
	壬辰 51

癸水日元生戌月，辛金司令，年月卯戌合火解戌未刑，巳未拱夾午火，丁巳又透干，氣取水在火，似乎從財官格然辛金司令，年又透辛金，日元似又不從，但細看月干戊土合日，若從財官格不高，若作戊癸化氣，雖失令，但時干丁火去辛金，使日元癸水，非從不可，行申運木助化氣格本佳，但甲會剋戊土始化格破，故甲運險破產，午運助化格故大發。

丁亥	己酉 2
庚戌	戊申 12
癸亥	丁未 22
壬戌	丙午 32

癸水生戌月，辛金司令，癸水自坐亥，通根氣於年之亥，時透壬水，月透庚金，生助日元不弱，戌中戊土本可制水，卻被庚辛所洩，如今只能取年上丁火剋制庚辛為用，再取亥中甲木生火，大運入乙巳，乙被庚合，巳遭忌沖，流年己巳，己土

乙巳 42
甲辰 52

十月癸水

庚子　丙戌 9
丁亥　乙酉 19
癸亥　甲申 29
己未　癸未 39
　　　壬午 49
　　　辛巳 59

壬午　庚戌 8
辛亥　己酉 18
癸酉　戊申 28
辛酉　丁未 38

洩火生金，巳再逢沖，喜用盡去得肝炎而歿。

癸水日元生亥月，壬水司令，審視全局，全水陰寒，取月干丁火調候，可惜無生火之源，又被時干己土洩盡，雖夫官亥未合木生火，但支見雙亥伏吟，婚後不佳，故此命主嫁人作偏房，有七殺無正官，夫宮合食傷之故。

癸水生亥月，壬水司令，全局金水陰冷，取年支午中丁己為用，可憐午火勢單力薄，寡不敵眾，若不力求自保，反以卵擊石，焉有不粉身碎骨之理，行西方運能安，行丁未運，反激眾怒與夫離夫，大運至丙午，壬剋丙，流年庚午，子因車禍身

丙午 48
乙巳 58

亡，火激水怒也。

戊戌　甲子 9
癸亥　乙丑 19
癸巳　丙寅 29
乙卯　丁卯 39
　　　戊辰 49
　　　己巳 59

癸水日元生亥月，甲木司令，戊癸合留，亥沖巳，日元根拔矣，全局無明印生扶，身弱難任財官，入大運丙寅，日元更弱，流年壬申，戊壬剋申寅沖，喜用皆傷，虧損數百萬，癸酉年，戊癸爭合，酉逢卯沖，與妻離婚。

丁酉　庚戌 3
辛亥　己酉 13
癸巳　戊申 23
癸丑　丁未 33

癸水日元生亥月，甲木司令，金冷水寒，用年上丁火為喜用，時上癸出而制，日時巳丑合，亥巳沖，火根拔，救應之神，甲木被辛酉圍攻，入戊申運，戊土洩丁火，申亥穿，甲木受傷，流年己未，己土洩丁火生金，未逢丑沖，解巳丑之合，則巳與

丙午 43
乙巳 53
亥沖甲木丙火皆傷，故遭火藥爆炸受傷而亡。
癸亥　甲子 2
癸亥　乙丑 12
癸丑　丙寅 22
甲寅　丁卯 32
　　　戊辰 42
　　　己巳 52
癸水日元生亥月，壬水司令，水勢飄蕩，水氾多情，時落甲寅沐浴，夫宮亥丑拱夾水桃花，姿美容艷，離婚多次，夫星無財助，又遭食傷所剋，如此命造應善自修身，方可祈福。

十一月壬水

辛卯　己亥 2
庚子　戊戌 12
癸巳　丁酉 22
癸亥　丙申 32
癸水日元生子月，壬水司令，全局金水寒冷，取日支巳火調候，戊土制水，可惜亥巳沖用神傷，且年支卯木亦與子刑喜用皆傷，幼年即犯小兒痲痺症而成殘疾。

乙未 42
甲午 52

庚戌　丁亥 2
戊子　丙戌 12
癸亥　乙酉 22
丁巳　甲申 32
　　　癸未 42
　　　壬午 52

癸水日元生子月，癸水司令，取戊土止水，卻洩於庚金，次取丁火為用紮根在巳，但巳逢亥沖，丁火根拔，亥中甲木本可生火，巳沖亥，甲木亦傷，大運入於乙酉，乙逢庚合，酉見巳合，流年癸酉，癸傷丁，酉巳合，該年與夫離婚。

十二月癸水

乙巳　丙寅 5
己丑　丁卯 15
癸未　戊辰 25
壬戌　己巳 35

癸水日元生丑月，己土司令，丑巳拱酉金解丑未沖，可惜支見丑未戌三刑，己土透月干，官殺混雜，最喜巳丑拱酉身，乙木食神洩秀去己土留戊土，年巳中丙火調候，可惜巳丑合，丙火隨合而化，流年己未已有情人，流年庚申便已同居，因巳

庚午45
辛未55

酉丑三合，而丁卯大運卯逢夫宮未合。

辛酉　庚子9
辛丑　己亥19
癸丑　戊戌29
辛酉　丁酉39
　　　丙申49
　　　乙未59

癸水日元生丑月，己土司令，丑酉合，全局金水陰冷，丑中己土隨合而化，此造為母吾同心格，或論母慈滅子格，身旺無依，印重重父母不全，故此造三歲父亡，母改嫁，由叔父養大。

丙申　庚子6
辛丑　己亥16
癸巳　戊戌26
庚申　丁酉36

癸水日主生，丑月，己土司令，巳丑拱酉金，巳申刑合，金水重，取司令己土為用，巳逢丑合，用神隨合而去，年干丙火貪合忘生，財官盡去，故為人小妾，其姘夫除己之外，又與他人糾纏不清，財官無力之女命乙自求多福，修身修心免惹紅

丙申46
乙未56

塵禍劫。

己卯	丙子8
丁丑	乙亥18
癸丑	甲戌28
乙卯	癸酉38
	壬申48
	辛未58
	庚午68

癸水日主生丑月，己土司令，冬，水自喜丙丁，照暖，月上丁火調候，雖好不若丙火，己土旺象，最喜時上乙木去己土而存清，全局洩道剋齊至，喜火金並用，此造為某前行政院長命造也，乙卯時若換丙辰其貴將更高更大。

㈥、五形字

【如有與其他著作不同可自行查閱台語或日語發音】

五型	總筆劃	漢字	五型	總筆劃	漢字	五型	總筆劃	漢字
木	3	千	火	2	了	土	1	一
木	3	廾	金	2	丁	土	1	乙
木	3	弓	金	2	七	土	2	二
水	3	万	金	2	人	土	2	儿
水	3	凡	金	2	儿	土	2	又
水	3	千	金	2	入	土	2	乂
水	3	勺	金	2	十	土	2	厂
火	3	丌	金	2	凵	土	2	乃
火	3	兀	金	2	匚	木	2	凵
火	3	土	金	2	厂	水	2	乜
火	3	大	土	3	亡	水	2	八
火	3	女	土	3	万	水	2	匕
火	3	孑	土	3	与	水	2	卜
火	3	孓	土	3	也	水	2	匸
火	3	己	土	3	于	水	2	厂
火	3	巾	土	3	兀	火	2	丁
火	3	久	土	3	尢	火	2	九
火	3	乇	土	3	已	火	2	乜
金	3	三	土	3	口	火	2	儿
金	3	下	土	3	丸	火	2	几
金	3	丈	土	3	么	火	2	刀
金	3	上	土	3	丫	火	2	刁
金	3	乞	木	3	口	火	2	力
金	3	于	木	3	工	火	2	乃

五型	總筆劃	漢字	五型	總筆劃	漢字	五型	總筆劃	漢字
水	4	丏	土	4	厄	金	3	亍
水	4	互	土	4	圠	金	3	刃
水	4	仆	土	4	夭	金	3	千
水	4	仈	土	4	尤	金	3	叉
水	4	分	土	4	尹	金	3	士
水	4	化	土	4	引	金	3	夕
水	4	卞	土	4	文	金	3	女
水	4	反	土	4	曰	金	3	子
水	4	匹	土	4	月	金	3	寸
水	4	夫	土	4	毋	金	3	小
水	4	巴	土	4	爻	金	3	尸
水	4	市	土	4	牙	金	3	山
水	4	戶	土	4	王	金	3	巳
水	4	方	土	4	予	金	3	廾
水	4	木	土	4	冘	金	3	屮
水	4	比	土	4	卬	金	3	彳
水	4	毛	土	4	匀	金	3	才
水	4	火	土	4	勿	金	3	乇
水	4	父	木	4	亢	金	3	川
水	4	片	木	4	丏	金	3	勺
水	4	爿	木	4	介	土	4	云
水	4	丰	木	4	公	土	4	五
水	4	冇	木	4	夬	土	4	元
水	4	幻	木	4	孔	土	4	允
火	4	卂	木	4	戈	土	4	刈
火	4	井	木	4	毌	土	4	午
火	4	仃	木	4	勾	土	4	友
火	4	今	水	4	不	土	4	匹

五型	總筆劃	漢字	五型	總筆劃	漢字	五型	總筆劃	漢字
土	5	以	金	4	升	火	4	介
土	5	仡	金	4	卅	火	4	仂
土	5	卍	金	4	凶	火	4	內
土	5	凹	金	4	壬	火	4	六
土	5	匜	金	4	少	火	4	及
土	5	右	金	4	尺	火	4	天
土	5	台	金	4	屯	火	4	太
土	5	外	金	4	心	火	4	弌
土	5	夗	金	4	手	火	4	廿
土	5	央	金	4	扎	火	4	弔
土	5	孕	金	4	支	火	4	屯
土	5	尒	金	4	日	火	4	斗
土	5	戊	金	4	月	火	4	斤
土	5	戉	金	4	欠	火	4	歹
土	5	未	金	4	止	火	4	牛
土	5	永	金	4	氏	火	4	丹
土	5	玉	金	4	氐	火	4	匀
土	5	瓦	金	4	水	火	4	旡
土	5	用	金	4	爪	金	4	丑
土	5	由	金	4	爻	金	4	亓
土	5	疋	金	4	犬	金	4	仁
土	5	肊	金	4	殳	金	4	什
土	5	幼	金	4	气	金	4	仇
木	5	仡	金	4	爿	金	4	仍
木	5	刊	金	4	之	金	4	仄
木	5	功	金	4	中	金	4	仉
木	5	卡	金	4	冗	金	4	兮
木	5	凸	金	4	厹	金	4	切

五型	總筆劃	漢字	五型	總筆劃	漢字	五型	總筆劃	漢字
火	5	刉	水	5	扒	木	5	可
火	5	加	水	5	扑	木	5	古
火	5	凸	水	5	本	木	5	叩
火	5	叮	水	5	末	木	5	句
火	5	叨	水	5	母	木	5	尕
火	5	叼	水	5	民	木	5	尻
火	5	叫	水	5	氾	木	5	氿
火	5	另	水	5	汃	木	5	瓜
火	5	台	水	5	犯	木	5	甘
火	5	句	水	5	犮	木	5	丱
火	5	叻	水	5	氕	木	5	叧
火	5	圢	水	5	疋	木	5	宄
火	5	奴	水	5	白	水	5	丙
火	5	奶	水	5	皮	水	5	丕
火	5	尼	水	5	皿	水	5	付
火	5	屶	水	5	目	水	5	仜
火	5	巨	水	5	矛	水	5	北
火	5	忊	水	5	禾	水	5	半
火	5	忉	水	5	乏	水	5	卉
火	5	打	水	5	乎	水	5	叵
火	5	扐	水	5	卯	水	5	叭
火	5	旦	水	5	庀	水	5	夯
火	5	氐	水	5	包	水	5	布
火	5	汀	火	5	且	水	5	平
火	5	氻	火	5	他	水	5	弁
火	5	田	火	5	代	水	5	弘
火	5	甲	火	5	令	水	5	弗
火	5	石	火	5	仝	水	5	必

五型	總筆劃	漢字	五型	總筆劃	漢字	五型	總筆劃	漢字
水	6	仿	金	5	正	火	5	立
水	6	份	金	5	玄	火	5	阞
水	6	后	金	5	生	火	5	井
水	6	圮	土	6	亦	火	5	它
水	6	妃	土	6	伊	火	5	宁
水	6	好	土	6	伍	火	5	冬
水	6	帆	土	6	仰	金	5	世
水	6	汎	土	6	优	金	5	且
水	6	百	土	6	仴	金	5	丘
水	6	米	土	6	刖	金	5	仔
水	6	行	土	6	夷	金	5	仕
水	6	冰	土	6	因	金	5	仗
火	6	交	土	6	有	金	5	仙
火	6	丢	土	6	羊	金	5	仞
火	6	列	土	6	羽	金	5	仟
火	6	劣	土	6	聿	金	5	仨
火	6	刑	土	6	衣	金	5	仩
火	6	吉	土	6	艾	金	5	仚
火	6	吏	土	6	宇	金	5	兄
火	6	同	土	6	安	金	5	刌
火	6	多	木	6	亙	金	5	卌
火	6	年	木	6	光	金	5	卡
火	6	朵	木	6	共	金	5	占
火	6	江	木	6	匡	金	5	召
火	6	老	木	6	各	金	5	司
火	6	芓	木	6	合	金	5	史
火	6	艻	木	6	艮	金	5	巧
火	6	艿	水	6	亥	金	5	左

五型	總筆劃	漢字	五型	總筆劃	漢字	五型	總筆劃	漢字
木	7	更	金	6	朱	金	6	丞
木	7	谷	金	6	汝	金	6	休
木	7	攻	金	6	汐	金	6	仲
水	7	亨	金	6	竹	金	6	任
水	7	何	金	6	臣	金	6	企
水	7	伯	金	6	至	金	6	伈
水	7	妨	金	6	舛	金	6	伶
水	7	妙	土	7	佑	金	6	伀
水	7	妢	土	7	余	金	6	兆
水	7	弅	土	7	免	金	6	先
水	7	每	土	7	吾	金	6	全
水	7	沛	土	7	吳	金	6	刑
水	7	沐	土	7	吟	金	6	劦
水	7	牡	土	7	圻	金	6	吁
水	7	甫	土	7	均	金	6	向
水	7	芃	土	7	妖	金	6	夙
水	7	貝	土	7	妍	金	6	如
水	7	邦	土	7	妤	金	6	屾
水	7	宏	土	7	妘	金	6	奸
火	7	伶	土	7	妏	金	6	字
火	7	佟	土	7	妧	金	6	存
火	7	利	土	7	巫	金	6	寺
火	7	呂	土	7	汪	金	6	戎
火	7	君	土	7	汶	金	6	早
火	7	妗	土	7	言	金	6	旨
火	7	弟	土	7	邪	金	6	旬
火	7	男	木	7	克	金	6	旭
火	7	彤	木	7	告	金	6	曲

五型	總筆劃	漢字	五型	總筆劃	漢字	五型	總筆劃	漢字
水	8	芳	木	8	孤	火	7	廷
火	8	佳	木	8	岡	火	7	冷
火	8	侖	木	8	果	金	7	住
火	8	佼	木	8	空	金	7	佐
火	8	到	木	8	肯	金	7	伸
火	8	奇	木	8	乖	金	7	似
火	8	季	水	8	佰	金	7	初
火	8	居	水	8	佩	金	7	助
火	8	拓	水	8	佫	金	7	妊
火	8	東	水	8	函	金	7	孝
火	8	林	水	8	和	金	7	志
火	8	杰	水	8	命	金	7	杉
火	8	金	水	8	坪	金	7	沁
火	8	邰	水	8	奉	土	8	京
火	8	青	水	8	妹	土	8	亞
金	8	享	水	8	孟	土	8	依
金	8	乳	水	8	岷	土	8	兒
金	8	侍	水	8	忞	土	8	夜
金	8	卓	水	8	明	土	8	岳
金	8	叔	水	8	昊	土	8	旺
金	8	周	水	8	旼	土	8	武
金	8	尚	水	8	旻	土	8	炎
金	8	幸	水	8	昐	土	8	玥
金	8	征	水	8	服	土	8	育
金	8	忠	水	8	朋	土	8	雨
金	8	承	水	8	杭	土	8	宜
金	8	昌	水	8	河	土	8	宛
金	8	昇	水	8	波	木	8	姑

五型	總筆劃	漢字	五型	總筆劃	漢字	五型	總筆劃	漢字
金	9	帥	水	9	洪	金	8	欣
金	9	思	水	9	皇	金	8	芹
金	9	星	水	9	美	金	8	芯
金	9	昭	水	9	胡	金	8	芷
金	9	春	水	9	虹	金	8	邵
金	9	染	水	9	范	金	8	邱
金	9	柵	水	9	茂	金	8	采
金	9	柒	水	9	苗	金	8	宗
金	9	泉	水	9	風	金	8	宙
金	9	祝	火	9	亭	土	9	俞
金	9	貞	火	9	亮	土	9	勇
金	9	宣	火	9	俊	土	9	姚
金	9	政	火	9	勁	土	9	威
土	10	倚	火	9	南	土	9	施
土	10	員	火	9	姜	土	9	禹
土	10	射	火	9	峒	土	9	韋
土	10	晏	火	9	帝	土	9	音
土	10	烏	火	9	律	土	9	彥
土	10	般	火	9	柳	木	9	柯
土	10	益	火	9	段	木	9	珂
土	10	翁	火	9	玲	木	9	科
木	10	個	火	9	紀	木	9	紅
木	10	剛	火	9	建	木	9	虹
木	10	恭	火	9	迪	木	9	冠
木	10	高	金	9	信	水	9	侯
木	10	宮	金	9	俠	水	9	保
木	10	鬼	金	9	前	水	9	品
水	10	峰	金	9	姿	水	9	扁

五型	總筆劃	漢字	五型	總筆劃	漢字	五型	總筆劃	漢字
水	11	偟	土	11	問	水	10	馬
水	11	凰	土	11	婉	火	10	倪
水	11	埤	土	11	尉	火	10	倫
水	11	培	土	11	崖	火	10	唐
水	11	堋	土	11	御	火	10	娜
水	11	婦	土	11	勇	火	10	娟
水	11	婢	土	11	掩	火	10	娫
水	11	婚	土	11	曼	火	10	島
水	11	婆	土	11	梧	火	10	晉
水	11	婂	土	11	欸	火	10	泰
水	11	莫	土	11	涯	金	10	修
水	11	密	土	11	訝	金	10	真
火	11	健	土	11	閆	金	10	展
火	11	偷	土	11	陰	金	10	徐
火	11	啦	土	11	庸	金	10	書
火	11	基	木	11	乾	金	10	秦
火	11	婧	木	11	勘	金	10	茲
火	11	婗	木	11	夠	金	10	財
火	11	將	木	11	國	金	10	軒
火	11	崙	木	11	控	金	10	夏
火	11	圈	木	11	混	土	11	偽
火	11	得	木	11	淦	土	11	偉
火	11	推	木	11	眭	土	11	偶
火	11	梁	木	11	硅	土	11	偎
金	11	商	木	11	規	土	11	偣
金	11	啟	木	11	郭	土	11	俟
金	11	專	木	11	康	土	11	剭
金	11	崇	水	11	偏	土	11	啞

五型	總筆劃	漢字	五型	總筆劃	漢字	五型	總筆劃	漢字
火	13	較	火	12	湯	金	11	崔
火	13	酮	火	12	晶	金	11	張
火	13	鈴	火	12	焦	金	11	晨
火	13	雷	火	12	琳	金	11	曹
火	13	靖	火	12	童	金	11	淑
火	13	達	金	12	喬	金	11	章
金	13	塞	金	12	曾	金	11	紹
金	13	慈	金	12	程	金	11	莎
金	13	暇	金	12	翔	金	11	莊
金	13	歆	金	12	診	金	11	許
金	13	歲	金	12	閑	金	11	陳
金	13	照	金	12	雄	金	11	宿
金	13	瑞	金	12	順	土	12	堯
金	13	葉	土	13	微	土	12	媛
金	13	詩	土	13	愛	土	12	嵗
金	13	詹	土	13	溫	土	12	圍
土	14	瑤	土	13	義	土	12	愉
土	14	維	土	13	雍	土	12	游
土	14	舞	土	13	遊	土	12	焰
土	14	語	木	13	葛	土	12	畬
水	14	蒙	木	13	賈	土	12	越
水	14	賓	水	13	暉	水	12	堡
火	14	齊	水	13	話	水	12	復
火	14	廖	火	13	腳	水	12	惠
金	14	翟	火	13	腦	水	12	馮
金	14	製	火	13	落	水	12	黃
土	15	樂	火	13	解	水	12	黑
土	15	毆	火	13	路	水	12	傑

結　文

經多年的努力與突破，終於能跳脫過去姓名學有限的筆劃與五格的吉凶。有了新的發現，也印證了姓名學確實有不可思議的靈動力存在其間，雖然經多年的努力也有了小小的突破，但後學相信，宇宙間所存在而依然還未破發現的，必相當多，如同寶山中的蘊藏的寶石一般，極須如我等後學去發現與開採。因此，我謹以短短數語與讀者共享，或有許多讀者因本書能有助於對姓名學的認識外，更希望能有更多的人能入此行列中，使能匯集更多的智力，早日將先賢的心血發揚光大，後學亦以此為幸。並祝讀者萬事如意！

附七真人邱長春改變命運的事蹟一則，以饗各位同好。

邱長春姓邱名處機字啟發。山東省登州府棲霞縣荳村人氏。拜王重陽為師。與馬鈺（丹陽）、孫淵真（不二）、譚處端（長真子）、郝大通（太古）、劉處玄（長生子）、王處一（玉陽子）和稱七真人。巧遇賽麻衣，此人精通相術，看見長春相上在鼻端兩條紋路，雙分入口、其相、名為騰蛇鎖口。應主惡死。決不能改，不管富貴貧賤，不論在俗出家，該餓死終該餓死。無法可解，除非至死方休。賽麻衣又列舉了兩位古人之例以資佐證。

其例一：春秋列國時有一趙武靈王，亦是該餓死之相。他是一國之君，如何會餓死。只因他兩個兒子爭位，啟動干戈。兩子恐他有私心會袒護一方。故才先將宮門封鎖，以兵把守。兩下砍殺。一連數月，宮中絕糧，宮中之人俱皆餓死。趙武靈王七日茶水未沾，看見宮前樹上有個麻雀，巢中有一雀蛋，移梯上樹，欲取食之。忽被大雀飛來。閃了一翅，趙武靈王失神鬆手，雀蛋落地打破。最後終至餓死。

其例二：漢成帝時，有一臣名曰鄧通，居官清廉、家無餘積，遇相士說他命該餓死。故上報漢成帝。漢成帝曰：

「朕能富貴人，也能生死人。相士之言，何足為憑。朕賜爾雲南銅山鑄錢。使用一年，可得十餘萬銅錢，十年家資便有百萬，焉得餓死。」

誰知不久成帝晏駕，太子登位，眾文武刻奏他狐媚老王，希圖肥己，敢將國家銅山，私自鑄錢使用，其罪非小，新皇帝，見了奏章心中生惱，便命刑部將他家私沒收，但姑念為先帝老臣，不忍誅戮，打入天牢，又被多官復奏一本，斷他水火，餓了七八天，臨死要喝口水，請獄卒慈憫，獄卒雖起惻隱之心，取水來到卻被獄官發現，大喝一聲，獄卒心慌，把一碗水打落在地，終至餓死。

此兩人皆極富貴之人，終歸餓死，伯夷叔齊亦是餓死之相，二人知命，情願死於首陽山下，而梁武帝與前秦秦王苻堅不知命，一餓死臺城，一餓死五將山，不管知命不知命，該餓死終要餓死，豈能逃脫。

賽痲衣以這幾位古人為例，把邱長春比掉了魂，將熱念化作了冷灰，一團悟道之心，頓成冰消瓦解，辭了賽痲衣，一心學伯夷叔齊兩位大賢，安心餓死，故尋了一道溪峪，兩邊高山，中間有一條深溪，即撿了一塊大石仰臥其上，餓了多日，水都不喝一口，只因他是修行之人，故依然神氣飽滿，餓到第七日，卻下起了大雨，雨水暴漲在上流處漂來一枚鮮桃，長春本無意吃它，心想趙武靈王臨死，不能吃一顆雀蛋，鄧通臨死不能吃一碗水，我今亦是臨死之人，不知可否吃此鮮桃，想罷伸手將鮮桃拿來食之，香美非常，精神大振，飢渴全解，心想命即不該死於水邊，必要死於高山。長春走到秦嶺，見一座小廟，人跡罕至，即進廟去，倒臥廟中，又餓了八九天，卻又巧遇十幾人，因打家劫舍，而做了一莊好買賣，來到廟中，一面煮麵慶祝，一麵分贓，而巧救了邱長春，邱長春一心求死，下得山去，化了一個多月的緣，湊得兩三佰錢買了一條鐵鍊、一把鐵鎖，到了一處森林，人所不到之處，古木參天他把鍊子栓在大樹上，挽個套子，然後栓在頸上，用鎖鎖了，再將鑰匙往空拋去，不知落於何處，自謂這回再無生理了，誰知他這一做，早已驚動上界太白星君，變了一個採藥人，來到眼前問曰，師傅身犯何罪，是誰將你鎖在此地，連問幾遍，邱長春才開口說：「你去幹你的事，休要管我。」

採藥人曰：「天下的事，要天下的人辦，怎說不要管你，我也是懂道理的人，你若有憂愁說出來或許我也可以為你詳解也未可定。」

長春即將賽麻衣相他該餓死之言從頭訴說一遍，又將求死，屢次遇救之事也告訴一番。

採藥人聽完哈哈大笑曰：「愚哉愚哉，執迷之甚，我還以為你有什麼大不了的事，原來卻只是因一念入魔，自誤終身，吾今與汝言之，使汝魔念能消，所謂相定終身，只能定尋常之人，若大善之人相也不準，大惡之人相也不準，相分內外，有心相，有面相，而外相不及內相，命好不如心好，大善之人相隨心變，心好相亦好，該死的反得長壽，逢凶化吉，遇難成祥，大惡之人相亦隨心改變，心多相亦多，該善終之人反惡死，轉福為禍，喜變成憂，故相之秘訣，能福壽綿長者，必是忠厚傳家，壽命短促者，定然輕薄為人，該貧賤而轉富貴者，因他心存濟世，該富貴而返貧賤者，由其意在利己，該餓死而反吃用不盡者，因他愛惜米糧，該吃用有餘，而反受飢渴者，因他拋撒五穀，螽斯衍慶（子孫眾多）其人必有好生之德，乏嗣無後，居心定無仁慈之風，此心相之大略也，面相何能為哉，況修道之人，能斡旋造化，扭轉乾坤，把一個凡體都要修成神仙，難道神仙是相上注定的嗎，一切總是由心裡做工夫，悟出來的，只要你能修成神仙地位，又有那一個神仙餓得死的，若一心想死，生為餓殍，則死後亦不免淪為餓鬼，生既無用，死又何益哉。」

這一席話讓邱長春如夢初醒，想其行為有如小孩一般，非但不是大丈夫之所當為，亦足堪惹人恥笑，採藥人亦幫他解開鎖鍊，邱長春感謝採藥人的一番指引，重新立下苦行，來至蟠溪，見有一道溪河橫於路旁正值夏日，溪河水漲其河平坦，造不成橋，架不了船，只好涉水而過，近處鄉人熟知水性，過來過去，並不在意，若有遠客，難免臨流興嘆，不敢輕於涉水。

邱長春便起了一個念頭，要在此做一些苦功，行些方便，若遇有不敢涉水者便背他過去，不分有錢無錢，早化七家，晚化八家，遇有飢寒之人，便分些給他們，當遇雨阻雪隔時，有時竟終日不吃，如此情形，有大餓有小餓，大餓七十二回，小餓無數，歷經六年，屢遭困厄，不可勝言。

也該到功圓滿之時，三官大帝，一日化成三位軍爺前來試煉，三人軍裝打扮，各帶鋼刀，手提人頭，自言斬獲大盜，上省報銷，不識水性，要請他背過河去，長春一一將其背過河去，背到第三位時，那人膽小，竟將手中人頭，墜落河中，那軍爺叫聲不好，手中人頭早已隨波浪而去，那軍爺喊天叫地，捶胸頓足，長春亦心忙意慌，不知如何是好，即對軍爺說：

「你拿刀來，把我的頭割下，以償你那人頭如何。」

軍爺曰：「人頭是我失手墜落，與你無關。」

長春曰：「我孤身一人，死不足畏，你有數口之家賴你活命，死我一人，活你全家，何嘗不可。」

軍爺說：「你即有這番好意，我卻不忍殺無罪之人，你若要成全我，你自己動手。」

長春將刀接在手，正要自刎，忽聽半空有人叫曰：「邱長春還我笏來（古時，臣上朝見天子所持的奏板）。」長春往上一看，只見三位軍爺，站在五色祥雲之內說：「吾等三人乃天地水三官也，因見你道心堅固，苦行圓滿，特來化度於你，汝今積功累行，特將你凡身化作道身，將汝幻體更為仙體，六年悟道已就，七載成真將興，汝要精進勿誤。」

待三官大帝冉冉而去，長春忽想起麻衣相士斷我該餓死，今我道果已成，何不往麻衣處一走。長春來到賽麻衣莊前見了賽麻衣即曰：「先生還記得騰蛇鎖口，該餓死的人嗎？」

賽麻衣聞言，再將他相了一相，拍手大笑曰：「妙哉妙哉，道長在何處做下大功德事，竟能將昔年之相改變了。」

邱長春曰：「先生曾言，相定終身永無更改之理，然今日為何又改變昔日曾說過的話呢？」

賽痲衣曰：「老朽只知面相不知心相，今道長相隨心變，非老朽所能知也，昔雙紋路，雙分出來，繞於承漿之位，這承漿上又生了一顆紅痣，配成格局，名曰二龍戲珠，貴不可言，應受帝王供養，福德不可量也。」

長春後來因緣際會，果被元順帝召入朝中封為宏道真人，且尊之以師禮，後來飛昇，被封為天仙狀元上品全真教主。

大展出版社有限公司
品冠文化出版社

圖書目錄

地址：台北市北投區(石牌)
致遠一路二段 12 巷 1 號
郵撥：01669551<大展>
19346241<品冠>

電話：(02) 28236031
28236033
28233123
傳真：(02) 28272069

・少年偵探・品冠編號 66

1. 怪盜二十面相 （精） 江戶川亂步著 特價 189 元
2. 少年偵探團 （精） 江戶川亂步著 特價 189 元
3. 妖怪博士 （精） 江戶川亂步著 特價 189 元
4. 大金塊 （精） 江戶川亂步著 特價 230 元
5. 青銅魔人 （精） 江戶川亂步著 特價 230 元
6. 地底魔術王 （精） 江戶川亂步著 特價 230 元
7. 透明怪人 （精） 江戶川亂步著 特價 230 元
8. 怪人四十面相 （精） 江戶川亂步著 特價 230 元
9. 宇宙怪人 （精） 江戶川亂步著 特價 230 元
10. 恐怖的鐵塔王國 （精） 江戶川亂步著 特價 230 元
11. 灰色巨人 （精） 江戶川亂步著 特價 230 元
12. 海底魔術師 （精） 江戶川亂步著 特價 230 元
13. 黃金豹 （精） 江戶川亂步著 特價 230 元
14. 魔法博士 （精） 江戶川亂步著 特價 230 元
15. 馬戲怪人 （精） 江戶川亂步著 特價 230 元
16. 魔人銅鑼 （精） 江戶川亂步著 特價 230 元
17. 魔法人偶 （精） 江戶川亂步著 特價 230 元
18. 奇面城的秘密 （精） 江戶川亂步著 特價 230 元
19. 夜光人 （精） 江戶川亂步著 特價 230 元
20. 塔上的魔術師 （精） 江戶川亂步著 特價 230 元
21. 鐵人Q （精） 江戶川亂步著 特價 230 元
22. 假面恐怖王 （精） 江戶川亂步著 特價 230 元
23. 電人M （精） 江戶川亂步著 特價 230 元
24. 二十面相的詛咒 （精） 江戶川亂步著 特價 230 元
25. 飛天二十面相 （精） 江戶川亂步著 特價 230 元
26. 黃金怪獸 （精） 江戶川亂步著 特價 230 元

・生活廣場・品冠編號 61

1. 366 天誕生星 李芳黛譯 280 元
2. 366 天誕生花與誕生石 李芳黛譯 280 元
3. 科學命相 淺野八郎著 220 元

4.	已知的他界科學	陳蒼杰譯	220 元
5.	開拓未來的他界科學	陳蒼杰譯	220 元
6.	世紀末變態心理犯罪檔案	沈永嘉譯	240 元
7.	366 天開運年鑑	林廷宇編著	230 元
8.	色彩學與你	野村順一著	230 元
9.	科學手相	淺野八郎著	230 元
10.	你也能成為戀愛高手	柯富陽編著	220 元
11.	血型與十二星座	許淑瑛編著	230 元
12.	動物測驗—人性現形	淺野八郎著	200 元
13.	愛情、幸福完全自測	淺野八郎著	200 元
14.	輕鬆攻佔女性	趙奕世編著	230 元
15.	解讀命運密碼	郭宗德著	200 元
16.	由客家了解亞洲	高木桂藏著	220 元

・女醫師系列・品冠編號 62

1.	子宮內膜症	國府田清子著	200 元
2.	子宮肌瘤	黑島淳子著	200 元
3.	上班女性的壓力症候群	池下育子著	200 元
4.	漏尿、尿失禁	中田真木著	200 元
5.	高齡生產	大鷹美子著	200 元
6.	子宮癌	上坊敏子著	200 元
7.	避孕	早乙女智子著	200 元
8.	不孕症	中村春根著	200 元
9.	生理痛與生理不順	堀口雅子著	200 元
10.	更年期	野末悅子著	200 元

・傳統民俗療法・品冠編號 63

1.	神奇刀療法	潘文雄著	200 元
2.	神奇拍打療法	安在峰著	200 元
3.	神奇拔罐療法	安在峰著	200 元
4.	神奇艾灸療法	安在峰著	200 元
5.	神奇貼敷療法	安在峰著	200 元
6.	神奇薰洗療法	安在峰著	200 元
7.	神奇耳穴療法	安在峰著	200 元
8.	神奇指針療法	安在峰著	200 元
9.	神奇藥酒療法	安在峰著	200 元
10.	神奇藥茶療法	安在峰著	200 元
11.	神奇推拿療法	張貴荷著	200 元
12.	神奇止痛療法	漆 浩 著	200 元

・常見病藥膳調養叢書・品冠編號 631

1.	脂肪肝四季飲食	蕭守貴著	200元
2.	高血壓四季飲食	秦玖剛著	200元
3.	慢性腎炎四季飲食	魏從強著	200元
4.	高脂血症四季飲食	薛輝著	200元
5.	慢性胃炎四季飲食	馬秉祥著	200元
6.	糖尿病四季飲食	王耀獻著	200元
7.	癌症四季飲食	李忠著	200元

・彩色圖解保健・品冠編號 64

1.	瘦身	主婦之友社	300元
2.	腰痛	主婦之友社	300元
3.	肩膀痠痛	主婦之友社	300元
4.	腰、膝、腳的疼痛	主婦之友社	300元
5.	壓力、精神疲勞	主婦之友社	300元
6.	眼睛疲勞、視力減退	主婦之友社	300元

・心想事成・品冠編號 65

1.	魔法愛情點心	結城莫拉著	120元
2.	可愛手工飾品	結城莫拉著	120元
3.	可愛打扮 & 髮型	結城莫拉著	120元
4.	撲克牌算命	結城莫拉著	120元

・熱門新知・品冠編號 67

1.	圖解基因與 DNA	(精)	中原英臣 主編	230元
2.	圖解人體的神奇	(精)	米山公啟 主編	230元
3.	圖解腦與心的構造	(精)	永田和哉 主編	230元
4.	圖解科學的神奇	(精)	鳥海光弘 主編	230元
5.	圖解數學的神奇	(精)	柳谷晃 著	250元
6.	圖解基因操作	(精)	海老原充 主編	230元
7.	圖解後基因組	(精)	才園哲人 著	230元

・法律專欄連載・大展編號 58

台大法學院　　法律學系／策劃
法律服務社／編著

1.	別讓您的權利睡著了(1)	200元
2.	別讓您的權利睡著了(2)	200元

・武術特輯・大展編號 10

1.	陳式太極拳入門	馮志強編著	180元

2. 武式太極拳	郝少如編著	200 元
3. 練功十八法入門	蕭京凌編著	120 元
4. 教門長拳	蕭京凌編著	150 元
5. 跆拳道	蕭京凌編譯	180 元
6. 正傳合氣道	程曉鈴譯	200 元
~~7. 圖解雙節棍~~	~~陳銘遠著~~	~~150 元~~
8. 格鬥空手道	鄭旭旭編著	200 元
9. 實用跆拳道	陳國榮編著	200 元
10. 武術初學指南	李文英、解守德編著	250 元
11. 泰國拳	陳國榮著	180 元
12. 中國式摔跤	黃　斌編著	180 元
13. 太極劍入門	李德印編著	180 元
14. 太極拳運動	運動司編	250 元
15. 太極拳譜	清・王宗岳等著	280 元
16. 散手初學	冷　峰編著	200 元
17. 南拳	朱瑞琪編著	180 元
18. 吳式太極劍	王培生著	200 元
19. 太極拳健身與技擊	王培生著	250 元
20. 秘傳武當八卦掌	狄兆龍著	250 元
21. 太極拳論譚	沈　壽著	250 元
22. 陳式太極拳技擊法	馬　虹著	250 元
23. 二十四式/三十二式太極拳/劍	闞桂香著	180 元
24. 楊式秘傳 129 式太極長拳	張楚全著	280 元
25. 楊式太極拳架詳解	林炳堯著	280 元
26. 華佗五禽劍	劉時榮著	180 元
27. 太極拳基礎講座：基本功與簡化 24 式	李德印著	250 元
28. 武式太極拳精華	薛乃印著	200 元
29. 陳式太極拳拳理闡微	馬　虹著	350 元
30. 陳式太極拳體用全書	馬　虹著	400 元
31. 張三豐太極拳	陳占奎著	200 元
32. 中國太極推手	張　山主編	300 元
33. 48 式太極拳入門	門惠豐編著	220 元
34. 太極拳奇人奇功	嚴翰秀編著	250 元
35. 心意門秘籍	李新民編著	220 元
36. 三才門乾坤戊己功	王培生編著	220 元
37. 武式太極劍精華 +VCD	薛乃印編著	350 元
38. 楊式太極拳	傅鐘文演述	200 元
39. 陳式太極拳、劍 36 式	闞桂香編著	250 元
40. 正宗武式太極拳	薛乃印著	220 元
41. 杜元化＜太極拳正宗＞考析	王海洲等著	300 元
42. ＜珍貴版＞陳式太極拳	沈家楨著	280 元
43. 24 式太極拳＋VCD	中國國家體育總局著	350 元
44. 太極推手絕技	安在峰編著	250 元
45. 孫祿堂武學錄	孫祿堂著	300 元

46.	＜珍貴本＞陳式太極拳精選	馮志強著	280 元
47.	武當趙保太極拳小架	鄭悟清傳授	250 元
48.	太極拳習練知識問答	邱丕相主編	220 元
49.	八法拳 八法槍	武世俊著	220 元
50.	地趟拳＋VCD	張憲政著	350 元
51.	四十八式太極拳＋VCD	楊 靜演示	400 元
52.	三十二式太極劍＋VCD	楊 靜演示	350 元
53.	隨曲就伸 中國太極拳名家對話錄	余功保著	300 元
54.	陳式太極拳五動八法十三勢	闞桂香著	200 元

・彩色圖解太極武術・大展編號 102

1.	太極功夫扇	李德印編著	220 元
2.	武當太極劍	李德印編著	220 元
3.	楊式太極劍	李德印編著	220 元
4.	楊式太極刀	王志遠著	220 元
5.	二十四式太極拳（楊式）＋VCD	李德印編著	350 元
6.	三十二式太極劍（楊式）＋VCD	李德印編著	350 元
7.	四十二式太極劍＋VCD	李德印編著	
8.	四十二式太極拳＋VCD	李德印編著	

・國際武術競賽套路・大展編號 103

1.	長拳	李巧玲執筆	220 元
2.	劍術	程慧琨執筆	220 元
3.	刀術	劉同為執筆	220 元
4.	槍術	張躍寧執筆	220 元
5.	棍術	殷玉柱執筆	220 元

・簡化太極拳・大展編號 104

1.	陳式太極拳十三式	陳正雷編著	200 元
2.	楊式太極拳十三式	楊振鐸編著	200 元
3.	吳式太極拳十三式	李秉慈編著	200 元
4.	武式太極拳十三式	喬松茂編著	200 元
5.	孫式太極拳十三式	孫劍雲編著	200 元
6.	趙堡式太極拳十三式	王海洲編著	200 元

・中國當代太極拳名家名著・大展編號 106

1.	太極拳規範教程	李德印著	550 元
2.	吳式太極拳詮真	王培生著	500 元
3.	武式太極拳詮真	喬松茂著	

・名師出高徒・大展編號 111

1.	武術基本功與基本動作	劉玉萍編著	200 元
2.	長拳入門與精進	吳彬等著	220 元
3.	劍術刀術入門與精進	楊柏龍等著	220 元
4.	棍術、槍術入門與精進	邱丕相編著	220 元
5.	南拳入門與精進	朱瑞琪編著	220 元
6.	散手入門與精進	張山等著	220 元
7.	太極拳入門與精進	李德印編著	280 元
8.	太極推手入門與精進	田金龍編著	220 元

・實用武術技擊・大展編號 112

1.	實用自衛拳法	溫佐惠著	250 元
2.	搏擊術精選	陳清山等著	220 元
3.	秘傳防身絕技	程崑彬著	230 元
4.	振藩截拳道入門	陳琦平著	220 元
5.	實用擒拿法	韓建中著	220 元
6.	擒拿反擒拿 88 法	韓建中著	250 元
7.	武當秘門技擊術入門篇	高翔著	250 元
8.	武當秘門技擊術絕技篇	高翔著	250 元

・中國武術規定套路・大展編號 113

1.	螳螂拳	中國武術系列	300 元
2.	劈掛拳	規定套路編寫組	300 元
3.	八極拳	國家體育總局	250 元

・中華傳統武術・大展編號 114

1.	中華古今兵械圖考	裴錫榮主編	280 元
2.	武當劍	陳湘陵編著	200 元
3.	梁派八卦掌（老八掌）	李子鳴遺著	220 元
4.	少林 72 藝與武當 36 功	裴錫榮主編	230 元
5.	三十六把擒拿	佐藤金兵衛主編	200 元
6.	武當太極拳與盤手 20 法	裴錫榮主編	220 元

・少林功夫・大展編號 115

1.	少林打擂秘訣	德虔、素法編著	300 元
2.	少林三大名拳 炮拳、大洪拳、六合拳	門惠豐等著	200 元
3.	少林三絕 氣功、點穴、擒拿	德虔編著	300 元
4.	少林怪兵器秘傳	素法等著	250 元
5.	少林護身暗器秘傳	素法等著	220 元

6.	少林金剛硬氣功	楊維編著	250 元
7.	少林棍法大全	德虔、素法編著	250 元
8.	少林看家拳	德虔、素法編著	250 元
9.	少林正宗七十二藝	德虔、素法編著	280 元
10.	少林瘋魔棍闡宗	馬德著	250 元

・原地太極拳系列・大展編號 11

1.	原地綜合太極拳 24 式	胡啟賢創編	220 元
2.	原地活步太極拳 42 式	胡啟賢創編	200 元
3.	原地簡化太極拳 24 式	胡啟賢創編	200 元
4.	原地太極拳 12 式	胡啟賢創編	200 元
5.	原地青少年太極拳 22 式	胡啟賢創編	220 元

・道 學 文 化・大展編號 12

1.	道在養生：道教長壽術	郝勤等著	250 元
2.	龍虎丹道：道教內丹術	郝勤著	300 元
3.	天上人間：道教神仙譜系	黃德海著	250 元
4.	步罡踏斗：道教祭禮儀典	張澤洪著	250 元
5.	道醫窺秘：道教醫學康復術	王慶餘等著	250 元
6.	勸善成仙：道教生命倫理	李剛著	250 元
7.	洞天福地：道教宮觀勝境	沙銘壽著	250 元
8.	青詞碧簫：道教文學藝術	楊光文等著	250 元
9.	沈博絕麗：道教格言精粹	朱耕發等著	250 元

・易 學 智 慧・大展編號 122

1.	易學與管理	余敦康主編	250 元
2.	易學與養生	劉長林等著	300 元
3.	易學與美學	劉綱紀等著	300 元
4.	易學與科技	董光壁著	280 元
5.	易學與建築	韓增祿著	280 元
6.	易學源流	鄭萬耕著	280 元
7.	易學的思維	傅雲龍等著	250 元
8.	周易與易圖	李申著	250 元
9.	中國佛教與周易	王仲堯著	350 元
10.	易學與儒學	任俊華著	350 元
11.	易學與道教符號揭秘	詹石窗著	350 元

・神 算 大 師・大展編號 123

1.	劉伯溫神算兵法	應涵編著	280 元
2.	姜太公神算兵法	應涵編著	280 元

3. 鬼谷子神算兵法 應涵編著 280 元
4. 諸葛亮神算兵法 應涵編著 280 元

・秘傳占卜系列・大展編號 14

1. 手相術 淺野八郎著 180 元
2. 人相術 淺野八郎著 180 元
3. 西洋占星術 淺野八郎著 180 元
4. 中國神奇占卜 淺野八郎著 150 元
5. 夢判斷 淺野八郎著 150 元
6. 前世、來世占卜 淺野八郎著 150 元
7. 法國式血型學 淺野八郎著 150 元
8. 靈感、符咒學 淺野八郎著 150 元
9. 紙牌占卜術 淺野八郎著 150 元
10. ESP 超能力占卜 淺野八郎著 150 元
11. 猶太數的秘術 淺野八郎著 150 元
12. 新心理測驗 淺野八郎著 160 元
13. 塔羅牌預言秘法 淺野八郎著 200 元

・趣味心理講座・大展編號 15

1. 性格測驗（1） 探索男與女 淺野八郎著 140 元
2. 性格測驗（2） 透視人心奧秘 淺野八郎著 140 元
3. 性格測驗（3） 發現陌生的自己 淺野八郎著 140 元
4. 性格測驗（4） 發現你的真面目 淺野八郎著 140 元
5. 性格測驗（5） 讓你們吃驚 淺野八郎著 140 元
6. 性格測驗（6） 洞穿心理盲點 淺野八郎著 140 元
7. 性格測驗（7） 探索對方心理 淺野八郎著 140 元
8. 性格測驗（8） 由吃認識自己 淺野八郎著 160 元
9. 性格測驗（9） 戀愛知多少 淺野八郎著 160 元
10. 性格測驗（10）由裝扮瞭解人心 淺野八郎著 160 元
11. 性格測驗（11）敲開內心玄機 淺野八郎著 140 元
12. 性格測驗（12）透視你的未來 淺野八郎著 160 元
13. 血型與你的一生 淺野八郎著 160 元
14. 趣味推理遊戲 淺野八郎著 160 元
15. 行為語言解析 淺野八郎著 160 元

・婦幼天地・大展編號 16

1. 八萬人減肥成果 黃靜香譯 180 元
2. 三分鐘減肥體操 楊鴻儒譯 150 元
3. 窈窕淑女美髮秘訣 柯素娥譯 130 元
4. 使妳更迷人 成 玉譯 130 元
5. 女性的更年期 官舒妍編譯 160 元

6.	胎內育兒法	李玉瓊編譯	150 元
7.	早產兒袋鼠式護理	唐岱蘭譯	200 元
9.	初次育兒 12 個月	婦幼天地編譯組	180 元
10.	斷乳食與幼兒食	婦幼天地編譯組	180 元
11.	培養幼兒能力與性向	婦幼天地編譯組	180 元
12.	培養幼兒創造力的玩具與遊戲	婦幼天地編譯組	180 元
13.	幼兒的症狀與疾病	婦幼天地編譯組	180 元
14.	腿部苗條健美法	婦幼天地編譯組	180 元
15.	女性腰痛別忽視	婦幼天地編譯組	150 元
16.	舒展身心體操術	李玉瓊編譯	130 元
17.	三分鐘臉部體操	趙薇妮著	160 元
18.	生動的笑容表情術	趙薇妮著	160 元
19.	心曠神怡減肥法	川津祐介著	130 元
20.	內衣使妳更美麗	陳玄茹譯	130 元
21.	瑜伽美姿美容	黃靜香編著	180 元
22.	高雅女性裝扮學	陳珮玲譯	180 元
23.	蠶糞肌膚美顏法	梨秀子著	160 元
24.	認識妳的身體	李玉瓊譯	160 元
25.	產後恢復苗條體態	居理安・芙萊喬著	200 元
26.	正確護髮美容法	山崎伊久江著	180 元
27.	安琪拉美姿養生學	安琪拉蘭斯博瑞著	180 元
28.	女體性醫學剖析	增田豐著	220 元
29.	懷孕與生產剖析	岡部綾子著	180 元
30.	斷奶後的健康育兒	東城百合子著	220 元
31.	引出孩子幹勁的責罵藝術	多湖輝著	170 元
32.	培養孩子獨立的藝術	多湖輝著	170 元
33.	子宮肌瘤與卵巢囊腫	陳秀琳編著	180 元
34.	下半身減肥法	納他夏・史達賓著	180 元
35.	女性自然美容法	吳雅菁編著	180 元
36.	再也不發胖	池園悅太郎著	170 元
37.	生男生女控制術	中垣勝裕著	220 元
38.	使妳的肌膚更亮麗	楊　皓編著	170 元
39.	臉部輪廓變美	芝崎義夫著	180 元
40.	斑點、皺紋自己治療	高須克彌著	180 元
41.	面皰自己治療	伊藤雄康著	180 元
42.	隨心所欲瘦身冥想法	原久子著	180 元
43.	胎兒革命	鈴木丈織著	180 元
44.	NS 磁氣平衡法塑造窈窕奇蹟	古屋和江著	180 元
45.	享瘦從腳開始	山田陽子著	180 元
46.	小改變瘦 4 公斤	宮本裕子著	180 元
47.	軟管減肥瘦身	高橋輝男著	180 元
48.	海藻精神秘美容法	劉名揚編著	180 元
49.	肌膚保養與脫毛	鈴木真理著	180 元
50.	10 天減肥 3 公斤	彤雲編輯組	180 元

51. 穿出自己的品味	西村玲子著	280 元
52. 小孩髮型設計	李芳黛譯	250 元

・青春天地・大展編號 17

1. A 血型與星座	柯素娥編譯	160 元
2. B 血型與星座	柯素娥編譯	160 元
3. O 血型與星座	柯素娥編譯	160 元
4. AB 血型與星座	柯素娥編譯	120 元
5. 青春期性教室	呂貴嵐編譯	130 元
9. 小論文寫作秘訣	林顯茂編譯	120 元
11. 中學生野外遊戲	熊谷康編著	120 元
12. 恐怖極短篇	柯素娥編譯	130 元
13. 恐怖夜話	小毛驢編譯	130 元
14. 恐怖幽默短篇	小毛驢編譯	120 元
15. 黑色幽默短篇	小毛驢編譯	120 元
16. 靈異怪談	小毛驢編譯	130 元
17. 錯覺遊戲	小毛驢編著	130 元
18. 整人遊戲	小毛驢編著	150 元
19. 有趣的超常識	柯素娥編譯	130 元
20. 哦！原來如此	林慶旺編譯	130 元
21. 趣味競賽 100 種	劉名揚編譯	120 元
22. 數學謎題入門	宋釗宜編譯	150 元
23. 數學謎題解析	宋釗宜編譯	150 元
24. 透視男女心理	林慶旺編譯	120 元
25. 少女情懷的自白	李桂蘭編譯	120 元
26. 由兄弟姊妹看命運	李玉瓊編譯	130 元
27. 趣味的科學魔術	林慶旺編譯	150 元
28. 趣味的心理實驗室	李燕玲編譯	150 元
29. 愛與性心理測驗	小毛驢編譯	130 元
30. 刑案推理解謎	小毛驢編譯	180 元
31. 偵探常識推理	小毛驢編譯	180 元
32. 偵探常識解謎	小毛驢編譯	130 元
33. 偵探推理遊戲	小毛驢編譯	180 元
34. 趣味的超魔術	廖玉山編著	150 元
35. 趣味的珍奇發明	柯素娥編著	150 元
36. 登山用具與技巧	陳瑞菊編著	150 元
37. 性的漫談	蘇燕謀編著	180 元
38. 無的漫談	蘇燕謀編著	180 元
39. 黑色漫談	蘇燕謀編著	180 元
40. 白色漫談	蘇燕謀編著	180 元

・健康天地・大展編號 18

1.	壓力的預防與治療	柯素娥編譯	130 元
2.	超科學氣的魔力	柯素娥編譯	130 元
3.	尿療法治病的神奇	中尾良一著	130 元
4.	鐵證如山的尿療法奇蹟	廖玉山譯	120 元
5.	一日斷食健康法	葉慈容編譯	150 元
6.	胃部強健法	陳炳崑譯	120 元
7.	癌症早期檢查法	廖松濤譯	160 元
8.	老人痴呆症防止法	柯素娥編譯	170 元
9.	松葉汁健康飲料	陳麗芬編譯	150 元
10.	揉肚臍健康法	永井秋夫著	150 元
11.	過勞死、猝死的預防	卓秀貞編譯	130 元
12.	高血壓治療與飲食	藤山順豐著	180 元
13.	老人看護指南	柯素娥編譯	150 元
14.	美容外科淺談	楊啟宏著	150 元
15.	美容外科新境界	楊啟宏著	150 元
16.	鹽是天然的醫生	西英司郎著	140 元
17.	年輕十歲不是夢	梁瑞麟譯	200 元
18.	茶料理治百病	桑野和民著	180 元
20.	杜仲茶養顏減肥法	西田博著	170 元
21.	蜂膠驚人療效	瀨長良三郎著	180 元
22.	蜂膠治百病	瀨長良三郎著	180 元
23.	醫藥與生活	鄭炳全著	180 元
24.	鈣長生寶典	落合敏著	180 元
25.	大蒜長生寶典	木下繁太郎著	160 元
26.	居家自我健康檢查	石川恭三著	160 元
27.	永恆的健康人生	李秀鈴譯	200 元
28.	大豆卵磷脂長生寶典	劉雪卿譯	150 元
29.	芳香療法	梁艾琳譯	160 元
30.	醋長生寶典	柯素娥譯	180 元
31.	從星座透視健康	席拉・吉蒂斯著	180 元
32.	愉悅自在保健學	野本二士夫著	160 元
33.	裸睡健康法	丸山淳士等著	160 元
35.	維他命長生寶典	菅原明子著	180 元
36.	維他命 C 新效果	鐘文訓編	150 元
37.	手、腳病理按摩	堤芳朗著	160 元
38.	AIDS 瞭解與預防	彼得塔歇爾著	180 元
39.	甲殼質殼聚糖健康法	沈永嘉譯	160 元
40.	神經痛預防與治療	木下真男著	160 元
41.	室內身體鍛鍊法	陳炳崑編著	160 元
42.	吃出健康藥膳	劉大器編著	180 元
43.	自我指壓術	蘇燕謀編著	160 元
44.	紅蘿蔔汁斷食療法	李玉瓊編著	150 元
45.	洗心術健康秘法	竺翠萍編譯	170 元
46.	枇杷葉健康療法	柯素娥編譯	180 元

47. 抗衰血癒	楊啟宏著	180 元
48. 與癌搏鬥記	逸見政孝著	180 元
49. 冬蟲夏草長生寶典	高橋義博著	170 元
50. 痔瘡・大腸疾病先端療法	宮島伸宜著	180 元
51. 膠布治癒頑固慢性病	加瀨建造著	180 元
52. 芝麻神奇健康法	小林貞作著	170 元
53. 香煙能防止癡呆？	高田明和著	180 元
54. 穀菜食治癌療法	佐藤成志著	180 元
55. 貼藥健康法	松原英多著	180 元
56. 克服癌症調和道呼吸法	帶津良一著	180 元
57. B 型肝炎預防與治療	野村喜重郎著	180 元
58. 青春永駐養生導引術	早島正雄著	180 元
59. 改變呼吸法創造健康	原久子著	180 元
60. 荷爾蒙平衡養生秘訣	出村博著	180 元
61. 水美肌健康法	井戶勝富著	170 元
62. 認識食物掌握健康	廖梅珠編著	170 元
63. 痛風劇痛消除法	鈴木吉彥著	180 元
64. 酸莖菌驚人療效	上田明彥著	180 元
65. 大豆卵磷脂治現代病	神津健一著	200 元
66. 時辰療法—危險時刻凌晨 4 時	呂建強等著	180 元
67. 自然治癒力提升法	帶津良一著	180 元
68. 巧妙的氣保健法	藤平墨子著	180 元
69. 治癒 C 型肝炎	熊田博光著	180 元
70. 肝臟病預防與治療	劉名揚編著	180 元
71. 腰痛平衡療法	荒井政信著	180 元
72. 根治多汗症、狐臭	稻葉益巳著	220 元
73. 40 歲以後的骨質疏鬆症	沈永嘉譯	180 元
74. 認識中藥	松下一成著	180 元
75. 認識氣的科學	佐佐木茂美著	180 元
76. 我戰勝了癌症	安田伸著	180 元
77. 斑點是身心的危險信號	中野進著	180 元
78. 艾波拉病毒大震撼	玉川重德著	180 元
79. 重新還我黑髮	桑名隆一郎著	180 元
80. 身體節律與健康	林博史著	180 元
81. 生薑治萬病	石原結實著	180 元
83. 木炭驚人的威力	大槻彰著	200 元
84. 認識活性氧	井土貴司著	180 元
85. 深海鮫治百病	廖玉山編著	180 元
86. 神奇的蜂王乳	井上丹治著	180 元
87. 卡拉 OK 健腦法	東潔著	180 元
88. 卡拉 OK 健康法	福田伴男著	180 元
89. 醫藥與生活	鄭炳全著	200 元
90. 洋蔥治百病	宮尾興平著	180 元
91. 年輕 10 歲快步健康法	石塚忠雄著	180 元

92. 石榴的驚人神效	岡本順子著	180元
93. 飲料健康法	白鳥早奈英著	180元
94. 健康棒體操	劉名揚編譯	180元
95. 催眠健康法	蕭京凌編著	180元
96. 鬱金（美王）治百病	水野修一著	180元
97. 醫藥與生活	鄭炳全著	200元

・實用女性學講座・大展編號 19

1. 解讀女性內心世界	島田一男著	150元
2. 塑造成熟的女性	島田一男著	150元
3. 女性整體裝扮學	黃靜香編著	180元
4. 女性應對禮儀	黃靜香編著	180元
5. 女性婚前必修	小野十傳著	200元
6. 徹底瞭解女人	田口二州著	180元
7. 拆穿女性謊言 88 招	島田一男著	200元
8. 解讀女人心	島田一男著	200元
9. 俘獲女性絕招	志賀貢著	200元
10. 愛情的壓力解套	中村理英子著	200元
11. 妳是人見人愛的女孩	廖松濤編著	200元

・校園系列・大展編號 20

1. 讀書集中術	多湖輝著	180元
2. 應考的訣竅	多湖輝著	150元
3. 輕鬆讀書贏得聯考	多湖輝著	180元
4. 讀書記憶秘訣	多湖輝著	180元
5. 視力恢復！超速讀術	江錦雲譯	180元
6. 讀書 36 計	黃柏松編著	180元
7. 驚人的速讀術	鐘文訓編著	170元
8. 學生課業輔導良方	多湖輝著	180元
9. 超速讀超記憶法	廖松濤編著	180元
10. 速算解題技巧	宋釗宜編著	200元
11. 看圖學英文	陳炳崑編著	200元
12. 讓孩子最喜歡數學	沈永嘉譯	180元
13. 催眠記憶術	林碧清譯	180元
14. 催眠速讀術	林碧清譯	180元
15. 數學式思考學習法	劉淑錦譯	200元
16. 考試憑要領	劉孝暉著	180元
17. 事半功倍讀書法	王毅希著	200元
18. 超金榜題名術	陳蒼杰譯	200元
19. 靈活記憶術	林耀慶編著	180元
20. 數學增強要領	江修楨編著	180元
21. 使頭腦靈活的數學	逢澤明著	200元

22. 難解數學破題	宋釗宜著	200 元

・實用心理學講座・大展編號 21

1. 拆穿欺騙伎倆	多湖輝著	140 元
2. 創造好構想	多湖輝著	140 元
3. 面對面心理術	多湖輝著	160 元
4. 偽裝心理術	多湖輝著	140 元
5. 透視人性弱點	多湖輝著	180 元
6. 自我表現術	多湖輝著	180 元
7. 不可思議的人性心理	多湖輝著	180 元
8. 催眠術入門	多湖輝著	150 元
9. 責罵部屬的藝術	多湖輝著	150 元
10. 精神力	多湖輝著	150 元
11. 厚黑說服術	多湖輝著	150 元
12. 集中力	多湖輝著	150 元
13. 構想力	多湖輝著	150 元
14. 深層心理術	多湖輝著	160 元
15. 深層語言術	多湖輝著	160 元
16. 深層說服術	多湖輝著	180 元
17. 掌握潛在心理	多湖輝著	160 元
18. 洞悉心理陷阱	多湖輝著	180 元
19. 解讀金錢心理	多湖輝著	180 元
20. 拆穿語言圈套	多湖輝著	180 元
21. 語言的內心玄機	多湖輝著	180 元
22. 積極力	多湖輝著	180 元

・超現實心靈講座・大展編號 22

1. 超意識覺醒法	詹蔚芬編譯	130 元
2. 護摩秘法與人生	劉名揚編譯	130 元
3. 秘法！超級仙術入門	陸明譯	150 元
4. 給地球人的訊息	柯素娥編著	150 元
5. 密教的神通力	劉名揚編著	130 元
6. 神秘奇妙的世界	平川陽一著	200 元
7. 地球文明的超革命	吳秋嬌譯	200 元
8. 力量石的秘密	吳秋嬌譯	180 元
9. 超能力的靈異世界	馬小莉譯	200 元
10. 逃離地球毀滅的命運	吳秋嬌譯	200 元
11. 宇宙與地球終結之謎	南山宏著	200 元
12. 驚世奇功揭秘	傅起鳳著	200 元
13. 啟發身心潛力心象訓練法	栗田昌裕著	180 元
14. 仙道術遁甲法	高藤聰一郎著	220 元
15. 神通力的秘密	中岡俊哉著	180 元

16. 仙人成仙術	高藤聰一郎著	200 元
17. 仙道符咒氣功法	高藤聰一郎著	220 元
18. 仙道風水術尋龍法	高藤聰一郎著	200 元
19. 仙道奇蹟超幻像	高藤聰一郎著	200 元
20. 仙道鍊金術房中法	高藤聰一郎著	200 元
21. 奇蹟超醫療治癒難病	深野一幸著	220 元
22. 揭開月球的神秘力量	超科學研究會	180 元
23. 西藏密教奧義	高藤聰一郎著	250 元
24. 改變你的夢術入門	高藤聰一郎著	250 元
25. 21 世紀拯救地球超技術	深野一幸著	250 元

・養 生 保 健・大展編號 23

1. 醫療養生氣功	黃孝寬著	250 元
2. 中國氣功圖譜	余功保著	250 元
3. 少林醫療氣功精粹	井玉蘭著	250 元
4. 龍形實用氣功	吳大才等著	220 元
5. 魚戲增視強身氣功	宮 嬰著	220 元
6. 嚴新氣功	前新培金著	250 元
7. 道家玄牝氣功	張 章著	200 元
8. 仙家秘傳袪病功	李遠國著	160 元
9. 少林十大健身功	秦慶豐著	180 元
10. 中國自控氣功	張明武著	250 元
11. 醫療防癌氣功	黃孝寬著	250 元
12. 醫療強身氣功	黃孝寬著	250 元
13. 醫療點穴氣功	黃孝寬著	250 元
14. 中國八卦如意功	趙維漢著	180 元
15. 正宗馬禮堂養氣功	馬禮堂著	420 元
16. 秘傳道家筋經內丹功	王慶餘著	300 元
17. 三元開慧功	辛桂林著	250 元
18. 防癌治癌新氣功	郭 林著	180 元
19. 禪定與佛家氣功修煉	劉天君著	200 元
20. 顛倒之術	梅自強著	360 元
21. 簡明氣功辭典	吳家駿編	360 元
22. 八卦三合功	張全亮著	230 元
23. 朱砂掌健身養生功	楊永著	250 元
24. 抗老功	陳九鶴著	230 元
25. 意氣按穴排濁自療法	黃啟運編著	250 元
26. 陳式太極拳養生功	陳正雷著	200 元
27. 健身袪病小功法	王培生著	200 元
28. 張式太極混元功	張春銘著	250 元
29. 中國璇密功	羅琴編著	250 元
30. 中國少林禪密功	齊飛龍著	200 元
31. 郭林新氣功	郭林新氣功研究所	400 元

32. 太極 八卦之源與健身養生　鄭志鴻等著　280 元

・社會人智囊・大展編號 24

1. 糾紛談判術　清水增三著　160 元
2. 創造關鍵術　淺野八郎著　150 元
3. 觀人術　淺野八郎著　200 元
4. 應急詭辯術　廖英迪編著　160 元
5. 天才家學習術　木原武一著　160 元
6. 貓型狗式鑑人術　淺野八郎著　180 元
7. 逆轉運掌握術　淺野八郎著　180 元
8. 人際圓融術　澀谷昌三著　160 元
9. 解讀人心術　淺野八郎著　180 元
10. 與上司水乳交融術　秋元隆司著　180 元
11. 男女心態定律　小田晉著　180 元
12. 幽默說話術　林振輝編著　200 元
13. 人能信賴幾分　淺野八郎著　180 元
14. 我一定能成功　李玉瓊譯　180 元
15. 獻給青年的嘉言　陳蒼杰譯　180 元
16. 知人、知面、知其心　林振輝編著　180 元
17. 塑造堅強的個性　坂上肇著　180 元
18. 為自己而活　佐藤綾子著　180 元
19. 未來十年與愉快生活有約　船井幸雄著　180 元
20. 超級銷售話術　杜秀卿譯　180 元
21. 感性培育術　黃靜香編著　180 元
22. 公司新鮮人的禮儀規範　蔡媛惠譯　180 元
23. 傑出職員鍛鍊術　佐佐木正著　180 元
24. 面談獲勝戰略　李芳黛譯　180 元
25. 金玉良言撼人心　森純大著　180 元
26. 男女幽默趣典　劉華亭編著　180 元
27. 機智說話術　劉華亭編著　180 元
28. 心理諮商室　柯素娥譯　180 元
29. 如何在公司崢嶸頭角　佐佐木正著　180 元
30. 機智應對術　李玉瓊編著　200 元
31. 克服低潮良方　坂野雄二著　180 元
32. 智慧型說話技巧　沈永嘉編著　180 元
33. 記憶力、集中力增進術　廖松濤編著　180 元
34. 女職員培育術　林慶旺編著　180 元
35. 自我介紹與社交禮儀　柯素娥編著　180 元
36. 積極生活創幸福　田中真澄著　180 元
37. 妙點子超構想　多湖輝著　180 元
38. 說 NO 的技巧　廖玉山編著　180 元
39. 一流說服力　李玉瓊編著　180 元
40. 般若心經成功哲學　陳鴻蘭編著　180 元

41.	訪問推銷術	黃靜香編著	180 元
42.	男性成功秘訣	陳蒼杰編著	180 元
43.	笑容、人際智商	宮川澄子著	180 元
44.	多湖輝的構想工作室	多湖輝著	200 元
45.	名人名語啟示錄	喬家楓著	180 元
46.	口才必勝術	黃柏松編著	220 元
47.	能言善道的說話秘訣	章智冠編著	180 元
48.	改變人心成為贏家	多湖輝著	200 元
49.	說服的ＩＱ	沈永嘉譯	200 元
50.	提升腦力超速讀術	齊藤英治著	200 元
51.	操控對手百戰百勝	多湖輝著	200 元
52.	面試成功戰略	柯素娥編著	200 元
53.	摸透男人心	劉華亭編著	180 元
54.	撼動人心優勢口才	龔伯牧編著	180 元
55.	如何使對方說 yes	程　羲編著	200 元
56.	小道理・美好生活	林政峰編著	180 元
57.	拿破崙智慧箴言	柯素娥編著	200 元
58.	解開第六感之謎	匠英一編著	200 元
59.	讀心術入門	王嘉成編著	180 元
60.	這趟人生怎麼走	李亦盛編著	200 元
61.	這趟人生無限好	李亦盛編著	200 元

・精　選　系　列・大展編號 25

1.	毛澤東與鄧小平	渡邊利夫等著	280 元
2.	中國大崩裂	江戶介雄著	180 元
3.	台灣・亞洲奇蹟	上村幸治著	220 元
4.	7-ELEVEN 高盈收策略	國友隆一著	180 元
5.	台灣獨立（新・中國日本戰爭一）	森詠著	200 元
6.	迷失中國的末路	江戶雄介著	220 元
7.	2000 年 5 月全世界毀滅	紫藤甲子男著	180 元
8.	失去鄧小平的中國	小島朋之著	220 元
9.	世界史爭議性異人傳	桐生操著	200 元
10.	淨化心靈享人生	松濤弘道著	220 元
11.	人生心情診斷	賴藤和寬著	220 元
12.	中美大決戰	檜山良昭著	220 元
13.	黃昏帝國美國	莊雯琳譯	220 元
14.	兩岸衝突（新・中國日本戰爭二）	森詠著	220 元
15.	封鎖台灣（新・中國日本戰爭三）	森詠著	220 元
16.	中國分裂（新・中國日本戰爭四）	森詠著	220 元
17.	由女變男的我	虎井正衛著	200 元
18.	佛學的安心立命	松濤弘道著	220 元
19.	世界喪禮大觀	松濤弘道著	280 元
20.	中國內戰（新・中國日本戰爭五）	森詠著	220 元

21. 台灣內亂（新・中國日本戰爭六） 森詠著 220元
22. 琉球戰爭①（新・中國日本戰爭七） 森詠著 220元
23. 琉球戰爭②（新・中國日本戰爭八） 森詠著 220元
24. 台海戰爭（新・中國日本戰爭九） 森詠著 220元
25. 美中開戰（新・中國日本戰爭十） 森詠著 220元
26. 東海戰爭①（新・中國日本戰爭十一）森詠著 220元
27. 東海戰爭②（新・中國日本戰爭十二）森詠著 220元

・運 動 遊 戲・大展編號 26

1. 雙人運動 李玉瓊譯 160元
2. 愉快的跳繩運動 廖玉山譯 180元
3. 運動會項目精選 王佑京譯 150元
4. 肋木運動 廖玉山譯 150元
5. 測力運動 王佑宗譯 150元
6. 游泳入門 唐桂萍編著 200元
7. 帆板衝浪 王勝利譯 300元
8. 蛙泳七日通 溫仲華編著 180元
9. 中老年人游泳指導 溫仲華著 180元
10. 爬泳(自由式)技術與練習 吳河海著 180元
11. 仰泳技術與練習 吳河海著 180元
12. 蝶泳技術與練習 吳河海著 180元
20. 乒乓球發球與接發球 張良西著 200元
21. 乒乓球雙打 李浩松著 180元
22. 乒乓球削球 王蒲主編 220元
23. 乒乓球打法與戰術 岳海鵬編著 220元
24. 乒乓球步法的技巧 張博著 220元

・休 閒 娛 樂・大展編號 27

1. 海水魚飼養法 田中智浩著 300元
2. 金魚飼養法 曾雪玫譯 250元
3. 熱門海水魚 毛利匡明著 480元
4. 愛犬的教養與訓練 池田好雄著 250元
5. 狗教養與疾病 杉浦哲著 220元
6. 小動物養育技巧 三上昇著 300元
7. 水草選擇、培育、消遣 安齊裕司著 300元
8. 四季釣魚法 釣朋會著 200元
9. 簡易釣魚入門 張果馨譯 200元
10. 防波堤釣入門 張果馨譯 220元
11. 透析愛犬習性 沈永嘉譯 200元
20. 園藝植物管理 船越亮二著 220元
21. 實用家庭菜園ＤＩＹ 孔翔儀著 200元
22. 住宅修補ＤＩＹ 吉田徹著 200元

21.	肝病有效的飲食	田中武等著	300 元
22.	成人病有效的飲食	編輯群著	230 元

・家庭醫學保健・大展編號 30

1.	女性醫學大全	雨森良彥著	380 元
2.	初為人父育兒寶典	小瀧周曹著	220 元
3.	性活力強健法	相建華著	220 元
4.	30 歲以上的懷孕與生產	李芳黛編著	220 元
5.	舒適的女性更年期	野末悅子著	200 元
6.	夫妻前戲的技巧	笠井寬司著	200 元
7.	病理足穴按摩	金慧明著	220 元
8.	爸爸的更年期	河野孝旺著	200 元
9.	橡皮帶健康法	山田晶著	180 元
10.	三十三天健美減肥	相建華等著	180 元
11.	男性健美入門	孫玉祿編著	180 元
12.	強化肝臟秘訣	主婦之友社編	200 元
13.	了解藥物副作用	張果馨譯	200 元
14.	女性醫學小百科	松山榮吉著	200 元
15.	左轉健康法	龜田修等著	200 元
16.	實用天然藥物	鄭炳全編著	260 元
17.	神秘無痛平衡療法	林宗駛著	180 元
18.	膝蓋健康法	張果馨譯	180 元
19.	針灸治百病	葛書翰著	250 元
20.	異位性皮膚炎治癒法	吳秋嬌譯	220 元
21.	禿髮白髮預防與治療	陳炳崑編著	180 元
22.	埃及皇宮菜健康法	飯森薰著	200 元
23.	肝臟病安心治療	上野幸久著	220 元
24.	耳穴治百病	陳抗美等著	250 元
25.	高效果指壓法	五十嵐康彥著	200 元
26.	瘦水、胖水	鈴木園子著	200 元
27.	手針新療法	朱振華著	200 元
28.	香港腳預防與治療	劉小惠譯	250 元
29.	智慧飲食吃出健康	柯富陽編著	200 元
30.	牙齒保健法	廖玉山編著	200 元
31.	恢復元氣養生食	張果馨譯	200 元
32.	特效推拿按摩術	李玉田著	200 元
33.	一週一次健康法	若狹真著	200 元
34.	家常科學膳食	大塚滋著	220 元
35.	夫妻們閱讀的男性不孕	原利夫著	220 元
36.	自我瘦身美容	馬野詠子著	200 元
37.	魔法姿勢益健康	五十嵐康彥著	200 元
38.	眼病錘療法	馬栩周著	200 元
39.	預防骨質疏鬆症	藤田拓男著	200 元

40. 骨質增生效驗方	李吉茂編著	250 元
41. 蕺菜健康法	小林正夫著	200 元
42. 赧於啟齒的男性煩惱	增田豐著	220 元
43. 簡易自我健康檢查	稻葉允著	250 元
44. 實用花草健康法	友田純子著	200 元
45. 神奇的手掌療法	日比野喬著	230 元
46. 家庭式三大穴道療法	刑部忠和著	200 元
47. 子宮癌、卵巢癌	岡島弘幸著	220 元
48. 糖尿病機能性食品	劉雪卿編著	220 元
49. 奇蹟活現經脈美容法	林振輝編譯	200 元
50. Super SEX	秋好憲一著	220 元
51. 了解避孕丸	林玉佩譯	200 元
52. 有趣的遺傳學	蕭京凌編著	200 元
53. 強身健腦手指運動	羅群等著	250 元
54. 小周天健康法	莊雯琳譯	200 元
55. 中西醫結合醫療	陳蒼杰譯	200 元
56. 沐浴健康法	楊鴻儒譯	200 元
57. 節食瘦身秘訣	張芷欣編著	200 元
58. 酵素健康法	楊皓譯	200 元
59. 一天 10 分鐘健康太極拳	劉小惠譯	250 元
60. 中老年人疲勞消除法	五味雅吉著	220 元
61. 與齲齒訣別	楊鴻儒譯	220 元
62. 禪宗自然養生法	費德漢編著	200 元
63. 女性切身醫學	編輯群編	200 元
64. 乳癌發現與治療	黃靜香編著	200 元
65. 做媽媽之前的孕婦日記	林慈姮編著	180 元
66. 從誕生到一歲的嬰兒日記	林慈姮編著	180 元
67. 6 個月輕鬆增高	江秀珍譯	200 元
68. 一輩子年輕開心	編輯群編	200 元
69. 怎可盲目減肥	編輯群編	200 元
70. 『腳』萬病之源	阿部幼子著	200 元
71. 睡眠健康養生法	編輯群編著	200 元
72. 水中漫步健康法	野村武男著	220 元
73. 孩子運動傷害預防與治療	松井達也著	200 元
74. 病從血液起	溝口秀昭著	200 元
75. 男性元氣 I Q	編輯群編著	200 元

・快樂健美站・大展編號 302

1. 柔力健身球（精）	姜桂萍主編	280 元
2. 自行車健康享瘦	中務博司著	280 元
3. 跑步鍛鍊走路減肥	平野厚等著	280 元

・超經營新智慧・大展編號 31

1.	躍動的國家越南	林雅倩譯	250元
2.	甦醒的小龍菲律賓	林雅倩譯	220元
3.	中國的危機與商機	中江要介著	250元
4.	在印度的成功智慧	山內利男著	220元
5.	7-ELEVEN 大革命	村上豐道著	200元
6.	業務員成功秘方	呂育清編著	200元
7.	在亞洲成功的智慧	鈴木讓二著	220元
8.	圖解活用經營管理	山際有文著	220元
9.	速效行銷學	江尻弘著	220元
10.	猶太成功商法	周蓮芬編著	200元
11.	工廠管理新手法	黃柏松編著	220元
12.	成功隨時掌握在凡人手上	竹村健一著	220元
13.	服務・所以成功	中谷彰宏著	200元
14.	輕鬆賺錢高手	增田俊男著	220元

・理 財、投 資・大展編號312

1.	突破股市瓶頸	黃國洲著	（特價）	199元
2.	投資眾生相	黃國洲著		220元
3.	籌碼決定論	黃國洲著	（特價）	249元

・成 功 秘 笈・大展編號313

1.	企業不良幹部群相	（精）	黃琪輝著	230元
2.	企業人才培育智典	（精）	鄭嘉軒著	230元

・親 子 系 列・大展編號32

1.	如何使孩子出人頭地	多湖輝著	200元
2.	心靈啟蒙教育	多湖輝著	280元
3.	如何使孩子數學滿分	林明嬋編著	180元
4.	終身受用的學習秘訣	李芳黛譯	200元
5.	數學疑問破解	陳蒼杰譯	200元
6.	用心教養孩子	王欣筑編著	200元

・雅 致 系 列・大展編號33

1.	健康食譜春冬篇	丸元淑生著	200元
2.	健康食譜夏秋篇	丸元淑生著	200元
3.	純正家庭料理	陳建民等著	200元
4.	家庭四川料理	陳建民著	200元
5.	醫食同源健康美食	郭長聚著	200元
6.	家族健康食譜	東畑朝子著	200元

・美術系列・大展編號 34

1. 可愛插畫集　鉛筆等著　220 元
2. 人物插畫集　鉛筆等著　180 元

・勞作系列・大展編號 35

1. 活動玩具DIY　李芳黛譯　230 元
2. 組合玩具DIY　李芳黛譯　230 元
3. 花草遊戲DIY　張果馨譯　250 元

・元氣系列・大展編號 36

1. 神奇大麥嫩葉「綠效末」　山田耕路著　200 元
2. 高麗菜發酵精的功效　大澤俊彥著　200 元
3. 綠茶治病寶典　桑野和民著　170 元
4. 靈芝治百病　陳瑞東著　180 元
5. 艾草健康法　張汝明編著　180 元

・健康加油站・大展編號 361

1. 糖尿病預防與治療　藤山順豐著　200 元
2. 胃部機能與強健　程彬編著　180 元
3. 不孕症治療　周雲雁編著　200 元
4. 簡易醫學急救法　朱雅安編著　200 元

・女性醫學・大展編號 362

1. 女性的更年期　野末悅子著　200 元
2. 初次懷孕與生產　編輯組著　220 元

・心靈雅集・大展編號 00

1. 禪言佛語看人生　松濤弘道著　180 元
2. 禪密教的奧秘　葉逯謙譯　120 元
3. 觀音大法力　田口日勝著　120 元
4. 觀音法力的大功德　田口日勝著　120 元
5. 達摩禪 106 智慧　劉華亭編譯　220 元
6. 有趣的佛教研究　葉逯謙編譯　170 元
7. 夢的開運法　蕭京凌譯　180 元
8. 禪學智慧　柯素娥編譯　130 元
9. 女性佛教入門　許俐萍譯　110 元
10. 佛像小百科　心靈雅集編譯組　130 元
11. 佛教小百科趣談　心靈雅集編譯組　120 元

12. 佛教小百科漫談	心靈雅集編譯組	150 元
13. 佛教知識小百科	心靈雅集編譯組	150 元
14. 佛學名言智慧	松濤弘道著	220 元
15. 釋迦名言智慧	松濤弘道著	220 元
16. 活人禪	平田精耕著	120 元
17. 坐禪入門	柯素娥編譯	150 元
18. 現代禪悟	柯素娥編譯	130 元
19. 道元禪師語錄	心靈雅集編譯組	130 元
20. 佛學經典指南	心靈雅集編譯組	200 元
21. 何謂「生」阿含經	心靈雅集編譯組	150 元
22. 一切皆空　般若心經	心靈雅集編譯組	180 元
23. 超越迷惘　法句經	心靈雅集編譯組	130 元
24. 開拓宇宙觀　華嚴經	心靈雅集編譯組	180 元
25. 真實之道　法華經	心靈雅集編譯組	180 元
26. 自由自在　涅槃經	心靈雅集編譯組	180 元
27. 沈默的教示　維摩經	心靈雅集編譯組	150 元
28. 開通心眼　佛語佛戒	心靈雅集編譯組	130 元
29. 揭秘寶庫　密教經典	心靈雅集編譯組	180 元
30. 坐禪與養生	廖松濤譯	110 元
31. 釋尊十戒	柯素娥編譯	120 元
32. 佛法與神通	劉欣如編著	120 元
33. 悟（正法眼藏的世界）	柯素娥編譯	120 元
34. 只管打坐	劉欣如編著	120 元
35. 喬答摩・佛陀傳	劉欣如編著	120 元
36. 唐玄奘留學記	劉欣如編著	120 元
37. 佛教的人生觀	劉欣如編譯	110 元
38. 無門關(上卷)	心靈雅集編譯組	150 元
39. 無門關(下卷)	心靈雅集編譯組	150 元
40. 業的思想	劉欣如編著	130 元
41. 佛法難學嗎	劉欣如著	140 元
42. 佛法實用嗎	劉欣如著	140 元
43. 佛法殊勝嗎	劉欣如著	140 元
44. 因果報應法則	李常傳編	180 元
45. 佛教醫學的奧秘	劉欣如編著	150 元
46. 紅塵絕唱	海　若著	130 元
47. 佛教生活風情	洪丕謨、姜玉珍著	220 元
48. 行住坐臥有佛法	劉欣如著	160 元
49. 起心動念是佛法	劉欣如著	160 元
50. 四字禪語	曹洞宗青年會	200 元
51. 妙法蓮華經	劉欣如編著	160 元
52. 根本佛教與大乘佛教	葉作森編	180 元
53. 大乘佛經	定方晟著	180 元
54. 須彌山與極樂世界	定方晟著	180 元
55. 阿闍世的悟道	定方晟著	180 元

56. 金剛經的生活智慧	劉欣如著	180 元
57. 佛教與儒教	劉欣如編譯	180 元
58. 佛教史入門	劉欣如編譯	180 元
59. 印度佛教思想史	劉欣如編譯	200 元
60. 佛教與女性	劉欣如編譯	180 元
61. 禪與人生	洪丕謨主編	260 元
62. 領悟佛經的智慧	劉欣如著	200 元
63. 假相與實相	心靈雅集編	200 元
64. 耶穌與佛陀	劉欣如著	200 元
65. 迴向與開悟	劉欣如著	200 元
66. 具佛心享永生	編輯群著	200 元
67. 青少年禪話	劉欣如著	200 元
68. 上班族禪話	劉欣如著	200 元
69. 銀髮族禪話	劉欣如著	200 元

・經 營 管 理・大展編號 01

◎ 創新經營管理六十六大計(精)	蔡弘文編	780 元
1. 如何獲取生意情報	蘇燕謀譯	110 元
5. 推銷大王秘錄	原一平著	180 元
6. 新創意・賺大錢	王家成譯	90 元
11. 撼動人心的推銷法	原一平著	150 元
17. 一流的管理	蔡弘文編	150 元
24. 小公司經營策略	王嘉誠著	160 元
27. 如何創造商場智囊團	林振輝編譯	150 元
28. 十分鐘推銷術	林振輝編譯	180 元
34. 一流的經營	陶田生編著	120 元
35. 女性職員管理術	王昭國編譯	120 元
36. ＩＢＭ的人事管理	鐘文訓編譯	150 元
37. 現代電腦常識	王昭國編譯	150 元
39. 如何發揮廣告效果	王昭國編譯	150 元
40. 最新管理技巧	王昭國編譯	150 元
41. 一流推銷術	廖松濤編譯	150 元
45. 企業人事管理	松下幸之助著	100 元
46. 華僑經商致富術	廖松濤編譯	130 元
47. 豐田式銷售技巧	廖松濤編譯	180 元
48. 如何掌握銷售技巧	王昭國編著	130 元
52. 新世紀的服務業	鐘文訓編譯	100 元
53. 成功的領導者	廖松濤編譯	120 元
54. 女推銷員成功術	李玉瓊編譯	130 元
55. ＩＢＭ人才培育術	鐘文訓編譯	100 元
56. 企業人自我突破法	黃琪輝編著	150 元
58. 財富開發術	蔡弘文編著	130 元
59. 成功的店舖設計	鐘文訓編著	150 元

61. 企管回春法	蔡弘文編著	130 元
62. 小企業經營指南	鐘文訓編譯	100 元
64. 迎接商業新時代	廖松濤編譯	100 元
66. 新手股票投資入門	何朝乾編著	200 元
67. 上揚股與下跌股	何朝乾編譯	180 元
68. 股票速成學	何朝乾編譯	200 元
69. 理財與股票投資策略	黃俊豪編著	180 元
70. 黃金投資策略	黃俊豪編著	180 元
71. 厚黑管理學	廖松濤編譯	180 元
73. 透視西武集團	林谷燁編譯	150 元
76. 巡迴行銷術	陳蒼杰譯	150 元
77. 推銷的魔術	王嘉誠譯	120 元
78. 60 秒指導部屬	周蓮芬編譯	150 元
79. 精銳女推銷員特訓	李玉瓊編譯	130 元
81. 海外不動產投資	許達守編譯	150 元
82. 八百伴的世界策略	李玉瓊譯	150 元
84. 零庫存銷售	黃東謙編譯	150 元
85. 三分鐘推銷管理	劉名揚編譯	150 元
86. 推銷大王奮鬥史	原一平著	150 元
87. 豐田汽車的生產管理	林谷燁編譯	200 元

・成 功 寶 庫・大展編號 02

4. 聽話的藝術	歐陽輝編譯	110 元
12. 創造自信的新人生	廖松濤編著	120 元
19. 給企業人的諍言	鐘文訓編著	120 元
20. 企業家自律訓練法	陳義編譯	100 元
21. 上班族妖怪學	廖松濤編著	100 元
25. 你是上班族中強者	嚴思圖編著	100 元
30. 成功頓悟 100 則	蕭京凌編譯	130 元
33. 熟記對方絕招	黃靜香編譯	100 元
38. 一流領導力	施義彥編譯	120 元
40. 30 秒鐘推銷術	廖松濤編譯	150 元
42. 尖端時代行銷策略	陳蒼杰編著	100 元
43. 顧客管理學	廖松濤編著	100 元
47. 上班族口才學	楊鴻儒譯	120 元
48. 上班族新鮮人須知	程羲編著	120 元
49. 如何左右逢源	程羲編著	130 元
55. 性惡企業管理學	陳蒼杰譯	130 元
56. 自我啟發 200 招	楊鴻儒編著	150 元
57. 做個傑出女職員	劉名揚編著	130 元
58. 靈活的集團營運術	楊鴻儒編著	120 元
60. 個案研究活用法	楊鴻儒編著	130 元
61. 企業教育訓練遊戲	楊鴻儒編著	120 元

62. 管理者的智慧	程義編譯	130元
63. 做個佼佼管理者	馬筱莉編譯	130元
67. 活用禪學於企業	柯素娥編譯	130元
71. 自我培育・超越	蕭京凌編譯	150元
74. 時間即一切	沈永嘉編譯	130元
75. 自我脫胎換骨	柯素娥譯	150元
76. 贏在起跑點 人才培育鐵則	楊鴻儒編譯	150元
77. 做一枚活棋	李玉瓊編譯	130元
81. 瞬間攻破心防法	廖玉山編譯	120元
82. 改變一生的名言	李玉瓊編譯	130元
84. 訪問行銷新竅門	廖玉山編譯	150元

・處 世 智 慧・大展編號 03

1. 如何改變你自己	陸明編譯	120元
8. 扭轉一生的五分鐘	黃柏松編譯	100元
10. 現代人的詭計	林振輝譯	100元
14. 女性的智慧	譚繼山編譯	90元
18. 幽默吹牛術	金子登著	90元
24. 慧心良言	亦奇著	80元
25. 名家慧語	蔡逸鴻主編	90元
28. 如何發揮你的潛能	陸明編譯	90元
29. 女人身態語言學	李常傳譯	130元
30. 摸透女人心	張文志譯	90元
32. 給女人的悄悄話	妮倩編譯	90元
36. 成功的捷徑	鐘文訓譯	70元
38. 活用血型讀書法	陳炳崑譯	80元
47. 成熟的愛	林振輝譯	120元
49. 禁忌遊戲	酒井潔著	90元
54. 創造奇蹟的「想念法」	謝世輝著	90元
62. 如何突破內向	姜倩怡編譯	110元
65. 如何解除內心壓力	林美羽編著	110元
66. 取信於人的技巧	多湖輝著	110元
68. 自我能力的開拓	卓一凡編著	110元
70. 縱橫交涉術	嚴思圖編著	90元
71. 如何培養妳的魅力	劉文珊編著	90元
75. 個性膽怯者的成功術	廖松濤編譯	100元
76. 人性的光輝	文可式編著	90元
79. 培養靈敏頭腦秘訣	廖玉山編著	90元
80. 夜晚心理術	鄭秀美編譯	80元
81. 如何做個成熟的女性	李玉瓊編著	80元
82. 現代女性成功術	劉文珊編著	90元
87. 指尖・頭腦體操	蕭京凌編譯	90元
88. 電話應對禮儀	蕭京凌編著	120元

一億人閱讀的暢銷書！

4 ～ 26 集　定價300元　特價230元

4.大金塊

5.青銅魔人

6.地底魔術王

7.透明怪人

8.怪人四十面相

9.宇宙怪人

10.恐怖的鐵塔王國

11.灰色巨人

12.海底魔術師

13.黃金豹

14.魔法博士

15.馬戲怪人

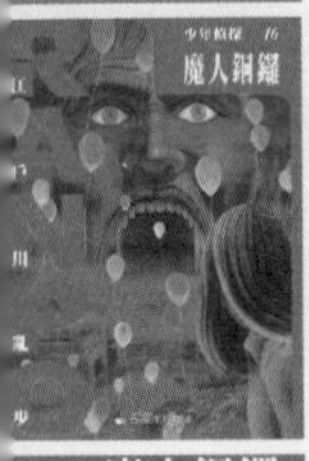

16.魔人銅鑼

17.魔法人偶

18.奇面城的秘密

19.夜光人

20.塔上的魔術師

21.鐵人Q

22.假面恐怖王

23.電人M

24.二十面相的詛咒

25.飛天二十面相

26.黃金怪獸

品冠文化出版社

地址：臺北市北投區
致遠一路二段十二巷一號
電話：〈02〉28233123
郵政劃撥：19346241